한국행정연구원 총서
정부 신뢰와 소통 제고를 위한 Public Relations 시스템 구축 II-3

주요국의 정부PR과 쌍방향 커뮤니케이션

서원석 · 조세현 편저

도서출판 대영문화사

발간사

세계적으로 많은 정부는 국민의 불신이 증가하는 현상을 경험하고 있다. 우리나라 또한 경제 성장과 민주화를 급속하게 이루는 과정에서 정부에 대한 국민의 신뢰가 저하된 것은 사실이다. 정부 신뢰의 하락은 정책 갈등을 야기하고 국정 운영을 지연시킬 뿐만 아니라 국가에 위기를 초래할 수도 있는 중대한 사안이다. 추락한 정부 신뢰의 회복을 위한 가장 우선적인 처방은 정부와 국민이 원활하게 소통하는 것이다. 소통은 정책에 대한 일방향적 홍보에서 탈피하고 쌍방향 커뮤니케이션을 지향하는 새로운 정부PR 패러다임으로 변화할 때 가능하다.

한국행정연구원은 정부 신뢰 회복을 위한 해법을 정부PR 패러다임의 변화에서 찾고자, 2010년부터 '정부 신뢰와 소통 제고를 위한 Public Relations 시스템 구축사업'을 진행해 오고 있다. 이 책은 이 사업의 일환으로 '정부 신뢰 제고를 위한 PR 개선 방안'을 주제로 2012년에 개최된 국제 세미나에서 발표된 논문을 정리한 것이다. 세미나에 참석한 국내외 학자들은 쌍방향 커뮤니케이션을 통해 국정 운영 방식과 정책 형성 과정을 업그레이드함으로써 정부 신뢰를 회복하는 방안을 모색했다.

아무쪼록 새 정부가 소통의 활성화를 통한 신뢰 증진으로 사회 통합을 이루어내고, 국민의 공감을 얻는 정부가 되는 데 이 책이 기여할 수 있기를 기대한다.

2013년 5월

한국행정연구원 원장 이은재

머리말

민간 영역에서는, 기업의 이윤 추구를 목적으로 기업과 상품에 대한 긍정적인 측면을 소비자에게 알리는 것이 필수적이기 때문에, 전문성을 바탕으로 다양한 방식의 PR을 수행해 온 반면, 그동안 정부의 경우는 국민의 공감과 협조를 이끌어 내는 노력이 미흡했던 측면이 있다. 그런데, 변화하는 행정환경에 대응하기 위해서는 정부도 메시지 구성과 전달의 전문성을 갖추어야 할 뿐만 아니라, 쌍방향 커뮤니케이션을 활성화해 나가야 한다.

정책을 일방적으로 발표하는 것이 전통적 정부PR의 영역이었다면, 앞으로는 쌍방향 커뮤니케이션을 통해 정책결정 과정에서 국민의 여론을 파악하고 반영하는 상호 신뢰적인 관계를 구축하는 것을 강조한다. 그 이유는 한국 사회가 민주화·다원화됨에 따라 정책 과정에의 참여 욕구, 투명성, 절차적 공정성 및 정당성에 대한 요구가 증가되었고, 정부의 대국민 소통 방식에 대한 변화의 필요성이 대두되었기 때문이다.

한국행정연구원은 2010년부터 "정부 신뢰와 소통 제고를 위한 Public Relations 시스템 구축사업"을 수행해 오고 있으며, 2012년도에는 국제 세미나를 통해 정부PR을 통한 국민의 신뢰 회복은 일방적 홍보가 아니라 쌍방향 커뮤니케이션에 기반할 때 가능한 것임을 확인했다. 이 편저서는 국제 세미나 발표 자료를 중심으로 하여, 해외 각국의 사례와 쌍방향 커뮤니케이션의 중요성을 확산하고자 발간된 것이다. 이 편저서가 우리나라 정부PR에서 쌍방향 커뮤니케이션을 더욱 활성화하고, 소통을 통해 정부와 국민 간의 거리를 좁히는 데 조금이라도 도움이 되기를 기대한다.

끝으로, 국제 세미나의 발표문을 책으로 발간하도록 허락하신 집필진께 감사드리며, "정부 신뢰와 소통 제고를 위한 Public Relations 시스템 구축사업"에 많은 관심을 가지고, 이 책의 발간을 적극 지원해 주신 한국행정연구원 이은재 원장님께 깊은 감사를 드린다.

2013년 5월

저자들을 대신하여 서원석 · 조세현

차 례

발간사 / iii
머리말 / iv

제 1 장 서 언 ······ 3

제 1 절 정부와 국민 간 소통의 중요성 ······ 3
제 2 절 정부 신뢰와 소통 제고를 위한 PR 시스템 구축사업 ······ 4
제 3 절 국제 세미나 발표 자료의 시리즈 발간 ······ 5
제 4 절 각국의 사례 분석 ······ 5

제 2 장 정부 신뢰 제고를 위한 정부PR의 관계성 모델에 대한 이론적 탐색 ······ 11

제 1 절 서론 ······ 11
제 2 절 정부 신뢰와 PR 관계에 대한 기존 연구 ······ 12
제 3 절 정부 신뢰 영향 요인과 효과적 정부PR ······ 13
제 4 절 PR의 관계성 모델 ······ 15
1. PR의 관계성 모델과 정부 신뢰 / 16
2. 관계의 하위 개념으로서 신뢰 / 17
3. 신뢰, 윤리, PR의 관계성 모델 / 19

제 5 절 관계성 향상을 위한 PR 전략 ······ 21
1. 커뮤니케이션 행태 전략 / 22
2. 메시지 구성 및 전달 전략 / 23

제 6 절 결론 ······ 24

제3장 소셜 미디어: 미국 사례의 시사점 ······ 29

제1절 서론 ······ 29
제2절 정의 및 이점 ······ 30
제3절 민주적 거버넌스를 위한 소셜 미디어의 개념화 ······ 31
제4절 소셜 미디어의 이점과 주의점 ······ 34
제5절 미국 정부의 소셜 미디어 사용례 ······ 36
제6절 소셜 미디어에 대한 우려 ······ 38
제7절 활용 정책 ······ 40
제8절 지방정부에 대한 도전 ······ 43
제9절 신뢰에 대한 의견 ······ 44
제10절 결론: 한국에 대한 제언 ······ 45

제4장 일본 정부기관에 의한 정부홍보 활동에서 소셜 미디어의 이용: 현재 상태와 미래 조망 ······ 49

제1절 일본 국가부처, 국가기관 그리고 지방정부의 소셜 미디어를 이용한 정부홍보 활동 ······ 49
1. 시민에게 정책에 대한 정보를 제공하는 수단으로 이용 / 51
2. 시민과의 제한적 쌍방향 소통 / 51
3. 공식 웹사이트로의 연계에 대한 강조 / 51

제2절 정부홍보에서 소셜 미디어 이용의 장점 ······ 52
1. 시민 관점에서 본 장점 / 52
2. 정부부처 및 기관 관점에서 본 장점 / 53

제3절 정부홍보에서 소셜 미디어 이용의 단점 ······ 53
1. 시민 관점에서 본 단점 / 54
2. 정부 관점에서 본 단점 / 55

제4절 소셜 미디어를 통한 정부홍보 활동의 신뢰성을 높이기 위한 거버넌스 ······ 57
1. 소셜 미디어의 목표 및 도구에 대한 명확한 정의 / 57
2. 소셜 미디어 이용 및 운영의 보안 개선 / 58
3. 소셜 미디어와 다른 미디어를 혼합한 최고의 채널 구축 / 58

4. 공무원에 의한 소셜 미디어의 이용은 규칙을 제정하고 집행하는 것 / 58
5. 소셜 미디어를 통해 제공되는 정보에 대한 문서관리 (기록의 준비와 보존) 규칙을 제정하고 집행하는 것 / 59
6. 부처 및 기관의 소셜 미디어 운영에 대한 내부 및 외부 정책 형성과 수행 / 59

제 5 절 결론 ··· 62

제 5 장 러시아 연방에서 정부와 시민 간 상호 작용: 현재와 미래 ··· 65

제 1 절 러시아 정부의 PR 체계 도입 배경 ··· 65

제 2 절 러시아 정부의 PR 체계 ··· 69
1. 러시아 연방 대통령실 / 69
2. 러시아 연방정부 / 71
3. 러시아 연방 지역정부 / 72
4. 지방정부 / 72
5. 대표 권력기관들 / 73

제 3 절 러시아 정부의 쌍방향 커뮤니케이션 수단 ··· 73
1. 시민 및 시민사회단체와의 교신 / 73
2. 정치적 홍보 / 73
3. 시민사회단체 PR / 74
4. 여론조사 / 75
5. 인터넷 커뮤니케이션 / 76
6. 커뮤니케이션의 개인화 / 78
7. 정부홍보 캠페인 / 79

제 4 절 결론 ··· 80

제 6 장 벨라루스의 시너제틱 행정을 위한 공공 커뮤니케이션: 신뢰의 차원에서 ··· 83

제 1 절 서론 ··· 83
제 2 절 21세기의 정부 신뢰 구축 ··· 85

제 3 절 글로벌 시대의 신뢰와 거버넌스 간의 연계 ···················· 88
제 4 절 정부 신뢰와 커뮤니케이션 ·· 89
제 5 절 벨라루스의 미디어 구조 개혁 ··· 94
제 6 절 정보통신기술의 활용 ·· 95
제 7 절 변화하는 시민 서비스 ··· 98
제 8 절 결론 ·· 98

제 7 장 결언: 4개 사례의 시사점과 한국 정부의 쌍방향 커뮤니케이션 ··· 103

제 1 절 4개의 사례의 시사점 ·· 103
제 2 절 한국 정부의 쌍방향 커뮤니케이션 ································· 104
1. 정보통신기술을 활용한 정부PR 행위의 원칙 / 104
2. 정보통신기술을 활용한 정부PR 현황 / 105
3. 결론 / 106

참고 문헌 / 107

[부 록]

Social Media: What Korea Can Learn from America's Experience ·· 117

Use of Social Media in Public Relations Activities by Governmental Entities in Japan: Current Status and Future Outlook ················ 139

Government and Citizens Interaction in the Russian Federation: Current State and Future Developments ···································· 154

Public Communications for Synergetic Public Administration in Belarus: Developing Trust Dimension ·· 178

제 1 장 서 언

- 제1절 정부와 국민 간 소통의 중요성
- 제2절 정부 신뢰와 소통 제고를 위한 PR 시스템 구축사업
- 제3절 국제 세미나 발표 자료의 시리즈 발간
- 제4절 각국의 사례 분석

제 1 장 서 언

제 1 절 정부와 국민 간 소통의 중요성

민주화되고 다원화된 사회에서는 이해관계와 사고의 상충이 발생하기 마련이고, 정부 정책이 연관되어 있을 때에는 그러한 갈등과 대립의 파급 효과가 더욱 커진다. 이 경우에, 정부에 대한 신뢰가 공고하게 구축되어 있으면, 갈등과 대립을 원만하게 해결하는 데 긍정적으로 작용할 수 있다. 반면 정부에 대한 신뢰 수준이 낮을 경우에는 정책에 대한 불확실성을 증가시키고, 정책에 대한 순응보다는 기회주의적 행동을 야기함으로써, 정부는 정책의 의도한 성과를 거두기 어렵게 될 수 있다. 이러한 정부정책의 실패로 또다시 정부에 대한 불신을 증가시키는 악순환이 반복된다.

우리나라는 미국산 쇠고기 수입 협상 과정이나 4대강 개발사업 추진 과정 등 여러 사례에서 정부 불신으로 인해 정책 갈등의 부작용이 심화되고, 정책결정이 지연되거나, 정책에 대한 저항으로 인한 국정 운영의 난맥상을 경험한 바 있다. 그런데, 이러한 정책 갈등과 저항은 정책 자체의 문제점도 있겠으나, 그보다는 정책과 관련한 진실된 정보가 제공되지 못하거나, 국민 의견을 적극 수렴하기 위한 수용적 태도가 부족하거나, 갈등을 조정하는 과정과 역할이 제대로 작동되지 못하는 등의 '정부와 국민 간의 원활한 소통의 부재'에 기인하는 바가 크다. 따라서, 정부정책에 대한 국민의 이해도, 지지도, 공감대를 높이기 위해서는

---

* 서원석(한국행정연구원 선임연구위원).
* 조세현(한국행정연구원 부연구위원).

효과적인 정부정책의 PR 체계와 방법에 대한 체계적인 연구와 검토가 필요하다.

제 2 절 정부 신뢰와 소통 제고를 위한 PR 시스템 구축사업

정부가 하는 일을 정확하게 국민에게 알리고, 다양한 국민의 의견을 조율하고 수렴하기 위한 의사소통 채널의 효과적인 활용이 성공적 국정 운영의 선결 조건이라는 관점에서, 한국행정연구원은 2010년부터 '정부 신뢰와 소통 제고를 위한 Public Relations 시스템 구축사업'을 진행해 왔다.

정부의 대국민 의사소통 역량은 정책 추진 과정상의 투명성을 높이고, 협상을 통한 갈등의 원만한 해결을 촉진함으로써, 정부정책의 실패를 막는 데 중대한 역할을 한다. 만약 소통 역량이 부족한 경우, 정책을 둘러싼 갈등으로 인해 정책이 표류하는 것은 물론이며, 정부에 대한 신뢰마저 추락할 가능성이 높다. 이와 같은 인식에 따라 한국행정연구원은 1차 연도인 2010년도에 우리나라 정부PR 체계, 주체, 내용, 수단, 법제도 등에 대한 연구를 수행했다. 2차 연도인 2011년도에는 주요국의 정부PR 체계와 국정 소통 미비에 따른 정부 신뢰 저하 사례분석과, 중앙정부와 지방정부 간의 국정 소통 현황 분석, 정부와 언론 간 관계에 대한 연구 등을 수행했다.

이러한 2차에 걸친 연구를 바탕으로, 3차 연도인 2012년에는 정책에 대한 일방향적 정보전달에 치중되어 있는 기존의 정부PR과는 상이한 형태의 정부PR 2.0, 즉 쌍방향적 의사소통을 통해 정부 신뢰를 제고하기 위한 방안을 모색하고자 했다.

즉, 소셜 미디어가 정치, 경제, 사회, 문화 등 거의 모든 분야에서 막강한 영향력을 행사하는 새로운 소통 수단으로 급성장했고, 정부도 이에 대응하여 온라인 대변인 제도 운영, 소셜 네트워크 서비스 채널 운영 활성화 등 정보통신기술 기반의 대(對)국민 소통 확대를 위해 많은 노력을 경주해 왔다. 이러한 현상에 대한 현황 진단 및 심도 깊은 분석을 위해 2012년에는 각 정부 부처의 소셜 미디어를 활용한 홍보 실태를 연구했다.

또한, 국내PR뿐만 아니라 해외PR까지 범위를 확대하여, 한국의 국제적 위상을 제고하기 위한 해외홍보 체계의 구축과 쌍방향적 운영 방안을 연구했다. 해외PR에 관한 연구는 궁극적으로 한국에 대한 해외의 신뢰 구축을 위한 토대 마련에 정책적 기여를 하게 될 것으로 기대한다.

제 3 절 국제 세미나 발표 자료의 시리즈 발간

2012년의 연구 결과들은 '정부 신뢰 제고를 위한 PR 개선 방안'이라는 주제로 2012년 7월에 개최된 국제 세미나에서 발표되었다. 이 세미나에서는 미국, 일본, 러시아, 벨라루스 정부의 PR 사례가 소개되었는데, 이는 신뢰의 하락이 비단 한국에만 국한된 현상이 아닌 점에 착안하여, 해외의 정부PR을 통한 정부 신뢰 회복 노력을 탐색하고, 한국에 대한 시사점을 찾고자 했기 때문이다.

이 책은 2012년 국제 세미나의 발표문 가운데서, 정부PR과 정부 신뢰의 관계에 관한 이론적 논의와 4개국의 국정홍보 현황 사례를 중심으로 엮었다. 우선 국제 세미나에서 발표된 영문 원고를 번역하여 이 책에 실었고, 영문 원고는 이 책의 부록으로 수록했다.

국제 세미나의 원고 중, 우리나라의 PR에 대한 연구인 '소셜 미디어를 활용한 한국 정부 부처의 홍보실태 분석'은 『소셜 미디어와 정부PR』로, '우리나라 해외홍보 체계의 문제점과 구축 전략'은 『한국 정부의 해외PR』이라는 제목으로 국제 세미나에서 발표된 내용을 좀 더 보완하고, 또한 구체적인 개선 방안들을 제시하여 따로 별도의 서적으로 분리하여 펴냈다. 그래서 '정부 신뢰 제고를 위한 PR 시스템 개선 방안' 연구의 결과물은, 이 책과 다른 2권으로 출판된 책을 합하여, 총 3권으로 시리즈가 구성되었다.

제 4 절 각국의 사례 분석

2012년에 개최된 '정부 신뢰 제고를 위한 PR 개선 방안' 국제 세미나에서는 정부와 국민 간의 원활한 소통이 신뢰 회복을 위한 처방이 된다면, 원활한 소통을 가능하게 하는 정부PR은 어떠한 형태인지, 국민과 정부의 거리를 좁혀줄 수 있는 정보통신기술의 발달이, 정부PR에 어떻게 활용되어 신뢰 회복에 기여할 수 있는지 등을 중심으로 하여 미국과 러시아, 벨라루스, 일본 등 각기 다른 사회적·경제적 환경을 지닌 국가들의 사례를 살펴보았다.

국가 간의 차이점을 보면, 미국과 일본은 정치·사회적 민주화를 이미 달성한 데 비해 러시아와 벨라루스는 자유민주주의 체제로 전환한 역사가 오래되지 않은 국가이다. 그러나 이러한 차이에도 불구하고, 각국 발표자의 공통된 주장은 정부PR은 쌍방향 커뮤니케이션을 지향해야 하며, 쌍방향 커뮤니케이션은 정부 신뢰의 제고에 기여할 수 있다는 것이다.

먼저, 조세현은 정부PR이 정부 신뢰를 어떻게 제고할 수 있는지를 이론적으로 탐색하면서, 메시지의 일방적 전달에 가장 중점을 두는 기존의 PR 패러다임으로부터, 신뢰에 바탕을 둔 관계 형성을 PR의 목표로 삼는 관계성 모델로 전환할 때, 정부의 신뢰를 제고할 수 있다고 주장한다. 그리고, PR의 관계성 모델을 적용하기 위한 PR 행위자의 역할을 소개하고 있다.

PR의 관계성 모델은 쌍방향 커뮤니케이션을 통해 가능한데, 그것은 민주주의적 정치 체제하에서 가능하다. 샤마코프(Vladimir Shamakhov)는 러시아가 1990년대 초에 민주주의 체제로 전환되는 과정에서 정부와 시민 간 상호 관계 형태의 변화가 요구되었고, 이에 따라서 러시아 연방이 서구의 PR 도구를 수용했다고 주장한다. 민주화와 정치적 다원주의가 진행되면서, 국민 입장에서는 국정 운영에 관한 정보 획득 욕구가 커지고, 정부 입장에서는 국민과의 소통을 위한 효율적 시스템이 최우선 과제임을 인식하게 되었다는 것이다. 정책 과정의 개방성, 공정한 참여, 정부와 국민 간 힘의 균형, 다양성, 자유로운 의사소통이 가능한 민주주의 체제가 전제될 때, 정부PR은 정부의 정직하고 성실한 행위의 한 형태로 작동할 수 있을 것이다.

정보통신기술의 발달은 이러한 쌍방향 커뮤니케이션을 통해 국민과 정부 간의 거리를 더욱 좁힐 수 있도록 했다는 데에도 각국 전문가의 견해가 일치한다. 이는 정보통신기술 활용이 정부 운영의 기회 요인과 위험관리에 매우 많은 영향을 미치고 있음을 시사하는 것이다.

로완(Bernard Rowan)과 기타무라(Kitamura Michio)는 미국과 일본에서 소셜 미디어를 활용한 정부PR 사례를 소개했다. 특히, 기타무라는 동일본 대지진 발생 당시 소셜 미디어가 시민들에게 정보를 제공하는 수단으로서 중요한 역할을 담당했고, 이후 정부PR에 대한 인식이 적극적인 방향으로 전환하는 계기가 되었다고 주장한다. 한차로낙(Ihar Hancharonak) 외는 정보통신기술의 발달이 쌍방향 PR이 가능하도록 함으로써, 좋은 거버넌스의 형성을 촉진시키고 신뢰를 향상시킬 수 있다고 주장한다.

그러나, 소셜 미디어를 활용한 정부PR이 항상 긍정적인 역할을 하는 것만은 아니며, 따라서 위험 요인에 대한 분석 또한 요구된다. 로완과 기타무라는 소셜 미디어를 활용한 정부PR에서 유의할 점 및 부작용을 지적하고 있다. 로완은 소셜 미디어가 기존의 정부PR 매체를 완전히 대체할 수 있는 것은 아니며, 신뢰 수준 제고를 위한 영향력 역시 각국의 정치·경제적 상황 등에 따라 달라질 수 있다고 주장한다. 그뿐만 아니라, 소셜 미디어 역시 그것을 활용하는 PR 주체의 윤리성으로부터 자유로울 수 없기 때문에 소셜 미디어를 활용한 PR이 정부 신뢰를 제고할 것이라는 전제는 위험하다는 것이다.

기타무라는 정부PR에서 소셜 미디어의 활용이 정부 신뢰 향상을 위한 만병통치약이 될 수 없는 이유를 시민의 관점과 정부의 관점에서 분석하고, 신뢰 향상을 위한 방안으로, 소셜 미디어 활용을 통한 정부PR의 목표에 대한 명확한 정의, 보안성 확립, 소셜 미디어와 다른 매체의 최적 결합, 공무원의 소셜 미디어 활용 규칙의 확립, 소셜 미디어를 통해 제공되는 정보에 대한 문서화 등을 제시하고 있다.

각국 전문가에 의한 이러한 논의는 쌍방향 커뮤니케이션을 지향하는 PR이 정보 전달과 교환 매체의 발달에만 의존할 수 있는 것이 아님을 시사한다. 소셜 미디어와 같은 매체는 쌍방향 커뮤니케이션을 가능하게 하는 수단이다. 정부PR 패러다임의 근본적인 전환을 위해서는 정부와 국민 간 수평적 커뮤니케이션 관계 설정에 대한 정부PR 주체의 인식 개선, PR 조직의 정부 부처 내 위상 강화 등 다양한 노력이 뒷받침되어야 할 것이다. 이러한 뒷받침이 있을 때 PR을 통한 국민의 정부 신뢰 회복이 가능할 것이다.

제 2 장 정부 신뢰 제고를 위한 정부PR의 관계성 모델에 대한 이론적 탐색

제1절 서론
제2절 정부 신뢰와 PR 관계에 대한 기존 연구
제3절 정부 신뢰 영향 요인과 효과적 정부PR
제4절 PR의 관계성 모델
제5절 관계성 향상을 위한 PR 전략
제6절 결론

제 2 장 정부 신뢰 제고를 위한 정부PR의 관계성 모델에 대한 이론적 탐색

제 1 절 서론

한국 사회의 민주주의가 심화되고 다원화됨에 따라서 국정 운영과 정책 결정의 개방성에 대한 요구가 높아지고, 정책 과정상에서의 갈등과 대립 또한 빈번하게 표출되면서 정부의 국정에 대한 정확한 홍보 및 국민의 의견 수렴을 위한 의사소통 채널의 중요성이 부각되었다. 이러한 과정이 수반되지 않을 때에는 갈등으로 인해 정책이 표류하는 것은 물론이며, 정부에 대한 신뢰마저 추락하게 된다는 것은 기존의 정부PR과 신뢰에 관한 연구에서 공통적으로 거론되는 주장이다. PR이 정부 신뢰를 제고하기 위한 수단이라면, 결국 어떻게 PR을 수행할 것인가가 핵심이라고 할 수 있고, 이에 대한 답으로서 쌍방향 커뮤니케이션을 지향해야 한다는 주장은 이론적으로나 정책 실무적으로나 지지를 얻고 있다. 특히, 기존의 연구는 정부PR에 대해 다양한 정의를 내림에도 불구하고 대체로 정부PR이 시민과의 수평적 커뮤니케이션 활동이라는 데에는 동의한다(오두범, 1997; 김창룡 · 신호창, 1998; 고영철 · 정연우, 2001; 윤정길, 2000; 이강웅, 2000; 김종호 · 김세훈, 2006). 나아가, 이러한 쌍방향 수평적 커뮤니케이션을 바탕으로 한 좀 더 적극적이고 포괄적인 PR 행위로서, 정부PR을 국민과의 협조적 · 우호적 관계의 형성으로 정의하기도 한다(오두범, 1997; 이준일, 1993; 윤정길, 2000; 이두원, 2005; 김종호 · 김세훈, 2006).

그럼에도 불구하고, 몇몇 연구를 제외하고는 정부PR이 어떻게 정부 신뢰를 향상시키는

* 조세현(한국행정연구원 부연구위원).

메커니즘으로 작용하는지에 대한 심도 깊은 이론적 고찰이 부족한 상황이다. 또한, 실무적으로도 쌍방향 커뮤니케이션을 기반으로 한 정부PR은 아직 정착 단계에 이르지 못했다고 할 수 있다. 정부 신뢰 향상을 위한 수단으로서 효과적인 정부PR을 수행하기 위해서는 우선 정부 신뢰에 영향을 미치는 요인에 대한 검토가 필요하다. 또한, 정부PR이 그러한 요인들을 어떻게 활성화할 수 있는지에 관한 고찰이 선행되어야 한다.

이러한 문제 인식에 따라 이 글은 첫째, 정부 신뢰와 PR 모델에 관한 기존 연구를 검토함으로써 정부 신뢰를 제고하기 위해 '어떻게 홍보'할 것인가에 대한 이론적인 탐색을 하는 것이다. 특히, 이 글은 PR의 관계성 모델과 신뢰의 영향 요인과의 관계에 대한 이론적 탐색을 통해 PR의 관계성 모델이 정부 신뢰를 향상시킬 수 있음을 밝히고자 한다. 둘째, 이와 같은 이론적 고찰을 바탕으로 PR의 관계성 모델이 제시하는 효과적인 PR 전략이 정부 신뢰를 향상시키기 위한 PR에 어떻게 응용될 수 있는지 검토할 것이다. 공중과의 수평적 쌍방향 관계를 모색하는 PR의 관계성 모델과 정부 신뢰의 관계에 대한 검토는 국정 운영이 사회의 다양한 주체와의 협력적 거버넌스를 통해 이루어질 필요성이 더욱 커지는 현 시점에서 정부의 대국민 소통을 제고하는 데 유용한 시사점을 제공할 것이다.

제 2 절 정부 신뢰와 PR 관계에 대한 기존 연구

박희봉(2012)은 정부 신뢰가 높은 사회일수록 공동체 문제 해결을 위한 협조 가능성이 높다는 점에서 정부 신뢰를 "시민사회의 공동의 목표를 이루기 위한 정치적 능력"(박희봉, 2012: 3)으로 보았다. 결국, 이와 같은 정치적 능력을 구사하는 수단이 정부PR이라고 할 수 있다. 신뢰하는 경우 상대방의 기회주의적 행동의 가능성을 낮게 판단하기 때문에 이해집단 간의 갈등이 첨예한 정책의 경우 협동의 가능성을 높인다. 그리고, 정책 결과에 따른 위험성에 대한 평가도 낮아지고 결과적으로 정책목표에 대한 동의, 수긍, 순응의 정도가 높아진다(Easton, 1965; Newton, 2001; Chanley, 2000; Krishna, 2001; 박정훈 · 신정희, 2010에서 재인용). 따라서, 효과적 정부PR은 신뢰 제고를 통해 국민과 정부가 적극 협조하는 호혜적 관계를 형성함으로써 궁극적으로 정책의 효과성 제고에 기여할 수 있는 것이다.

그러나, 정부PR을 통해 정부 신뢰를 높일 수 있다는 이론적 가정에도 불구하고, 정부 신뢰와 PR의 관계에 대한 기존 연구는 손호중 · 채원호(2005), 채원호 · 손호중(2004), 손호중

(2007)의 문헌을 제외하고는 거의 없다. 손호중・채원호(2005)는 정책 집행을 둘러싼 갈등이 첨예한 상황에서 이해당사자의 정책결정 과정 참여와 함께 정부PR이 정부 신뢰에 중요한 영향을 미치는 것으로 확인했다. 또 손호중(2007)은 PR 주체로서의 정부가 전문성을 가질 때 일관적인 PR을 수행할 수 있고, 정책에 대한 이해도를 높이기 위한 적극적 정보 제공, 홍보 내용의 진실성, 쌍방향적 의사소통 등을 기반으로 PR 행위를 할 때 정부 신뢰를 높이고, 나아가 정책 순응을 확보할 수 있다고 주장한다.

제 3 절 정부 신뢰 영향 요인과 효과적 정부PR

정부 신뢰에 대한 기존 연구의 정의는 매우 다양하다. 대표적으로 원용되는 밀러(Miller, 1974)는 정부 신뢰를 "정부가 어떻게 운영되어야 하는가의 규범적 기대에 따라 운영되고 있다는 국민들의 신념(belief)"으로 정의한다(심익섭, 이재호, 서운석, 2004: 161, 이양수, 2008: 3에서 재인용). 메이어 외(Mayer et al., 1995)는 정부의 행위에 의해 발생할지 모르는 피해를 감수하고 정부 행위의 선의를 믿고 지지하는 심리적 태도라고 주장했다(오경민・박홍식, 2002: 400에서 재인용). 이시원 (1993)은 정부 신뢰를 정부에 대한 평가를 내포하는 정치적 태도로 이러한 태도는 개인의 인지적・감정적 가치 기준으로 구성된다고 보았다.

기존 연구의 정의에서 보는 바와 같이, 정부 신뢰는 신뢰자인 국민과 신뢰 대상인 정부가 존재해야 성립이 가능한 개념이다. 따라서 정부 신뢰의 영향 요인은 신뢰자의 특성과 신뢰 대상의 특성 요인에서 찾을 수 있다(박통희, 1999, 이종수, 2001). 그리고, 정부PR은 신뢰자와 피신뢰자와의 관계에서 소통을 위한 메커니즘으로서 역할해야 한다.

정부 신뢰의 영향 요인 중 신뢰자의 특성 요인으로는 신뢰자인 국민의 인구통계학적 요인과 지역・사회・경제적 배경(박희봉 외, 2003; 이종수, 2001), 심리적 요인(이종수, 2001), 대인 신뢰의 정도, 단체 참여 여부, 정치 참여 여부(박희봉 외, 2003)를 들 수 있다. 그러나, 정부PR은 정부의 행위로, 민주주의 사회에서 정부 행위를 통해 신뢰자의 특성 요인을 변화시키는 것은 가능하지도 않고 바람직하지도 않다. 따라서, 정부 스스로 변화시킬 수 있는 요인을 찾는 것이 필요하다. 따라서, 이 글은 신뢰의 영향 요인 가운데 피신뢰자, 즉 정부의 특성 요인을 중심으로 검토하고자 한다.

정부 특성 요인으로 이헌수(1999)는 능력, 성실성, 공정성, 호의, 규제 시행 여부를 들고 있고, 미쉬라(Mishira, 1996)는 능력, 개방성, 배려, 일관성을 들고 있다. 이종수(2001)는 효율적 업무 처리 능력, 청렴성, 일관성, 공정성이 정부 신뢰에 중요한 영향을 미친다고 주장했다. 박종민 · 배정현(2011)은 정책 결과의 분배가 얼마나 공정한가를 의미하는 분배공정성과 정책결정 과정에서의 충분한 의견 수렴을 의미하는 절차공정성이 정부 신뢰에 영향을 미친다고 보았다.

기존의 연구들을 종합해 보면, 신뢰의 정부 특성 요인은 능력, 성실성, 호의로 구분될 수 있다(Mayer, Davis, & Schoorman, 1995; 이헌수, 1999: 42에서 재인용). 정부 능력은 주어진 자원으로 최대한의 성과를 산출하는 효율성, 업무 처리를 위한 전문적 지식, 업무 간 우선 순위의 적절한 배분 등을 포함하는 개념이다(손호중 · 채원호, 2005).[1] 성실성(integrity)은 정부에 대한 규범적 기대에 따라 정부가 운영될 것이라는 기대와 신념으로, 청렴, 일관성, 공정이 모두 포함되는 개념이라고 할 수 있다(이헌수, 1999). 배려는 자신의 이익을 추구할 때 상대방을 속이는 기회주의적 행동을 하지 않고 공정성을 견지하는 것을 의미한다(Broomiley & Cummings, 1995; 박통희, 1999: 6에서 재인용). 정부 신뢰의 측면에서 본다면, 정부가 정보 비대칭성을 이용하여 국민을 속이지 않고 공정한 절차를 바탕으로 정직하게 행동한다는 것을 의미하므로 배려는 성실성에 포함될 수 있다(이헌수, 1999). 개방성은 정부가 정부 및 정책에 대한 정보를 거짓 없이 공개하는 것을 의미한다(이종범, 1986; 박통희, 1999: 6에서 재인용). 참여와 공개를 통해 정부가 정직하게 행동할 것이라는 규범적 기대를 높일 수 있는 것이므로, 개방성 또한 성실성에 포함될 수 있는 개념이다. 호의는 피신뢰자가 신뢰자에게 좋은 일, 도움이 되는 일을 하는 것을 의미한다(이헌수, 1999). 즉, 정책결정자가 행정편의주의적인 정책결정을 하는 것이 아니라 사회 전체적 기준에서의 효과를 고려하여 국민에 대한 행정의 책임성을 확보함으로써 신뢰를 제고하는 것이다(이종범, 1986).

능력, 성실성, 호의와 같은 정부 특성 요인은 정부 스스로 신뢰를 제고할 때 주목해야 할 변수들이라고 할 수 있다. 따라서 정부PR이 정부 신뢰 제고를 위한 효과적인 수단으로 활용될 수 있는 방안도 이들 변수와 연관해서 강구되어야 한다. 정부 특성 요인 가운데에 정부 능력이 무엇을 홍보할 것인가와 관련이 있다면, 성실성과 호의는 정책결정 과정에서 어떻게 홍보할 것인가와 좀 더 밀접한 관계가 있다. 전자는 정책결정의 산물로서 성과에 대해 홍보하는 것이라면 후자는 정책결정 과정에서 정부PR 기관 및 PR 담당자의 역할 수행에 관

1) 버틀러(Butler, 1991)는 개방성, 수용성, 일관성, 분별, 공평, 성실, 약속 이행 등 다른 학자들이 피신뢰자로서의 정부 특성 요인으로 지목하고 있는 개념을 능력의 하위 개념으로 구성했다(손호중 · 채원호, 2005: 92).

한 것이다.

정부PR은 "정부와 국민의 상호 관계에 대한 적절한 조정에 주목하여 어떤 사업 혹은 정책, 제도를 위해 정보를 제공하고 설득 및 조정을 통해 국민의 지지를 유도하는 시도"(채원호 · 손호중, 2004, 손호중 · 채원호, 2005: 95에서 재인용)이다. 지금까지의 정부PR이 정책 산물에 대한 홍보에 치중해 왔다면, 정부 신뢰를 제고하기 위해서는 정책결정 과정 전반에서 정보 제공, 설득, 조정, 지지 유도와 같은 PR이 요구된다. 이 과정에서 PR 담당자는 정책결정자와 국민 사이에서 PR 행위를 통해 성실성과 호의와 같은 정부 신뢰 요인을 극대화할 수 있어야 한다. 이하에서는 문헌 분석을 통해 PR의 관계성 모델이 어떻게 정부 신뢰 요인을 제고할 수 있는지 검토하고자 한다.

제 4 절 PR의 관계성 모델

PR의 관계성 모델을 체계화한 그루닉(Grunig, 1992)은 PR을 "조직이 목적을 달성하는 능력을 제한하기도 하고 향상시키기도 하는 공중과의 관계를 수립하는 것"으로 정의했다. PR의 관계성 모델에 의하면 공중과의 관계는 조직구성원의 생산성이나 고객 만족도에 영향을 미치는 환경(environmental contexts)을 조성함으로써 조직 목표 달성에 간접적으로 기여한다(Grunig et al., 2002). 즉, 관계성 모델에 기반한 PR은 핵심 공중(key public)과의 지속 가능한 관계 형성, 조직의 명성 제고, 조직-공중 간 상호 만족도 향상, 공중의 행동 변화와 같은 긍정적 상황 요인을 극대화함으로써 궁극적으로 조직의 효과성에 기여하는 것이다(Bruning et al., 2004: 336). 장기적으로 관계성 모델에 입각한 PR 전략은 불확실성과 역기능적 갈등을 감소시키고 순응과 협조를 유도하기 때문이다(Hutton, 1999: 210).

관계성 모델에 기반한 PR과 그 이전의 PR 모델의 가장 큰 차이는 PR의 목적에서 두드러진다. 관계성 모델은 여론을 조직의 목표에 맞게 조성(manipulate public opinion)하는 것이 아니라 조직과 공중의 관계를 형성, 발전, 유지하는 것을 목표로 한다(Ehling, 1992; Ki & Hon, 2007: 2에서 재인용). 따라서 궁극적인 목표는 무슨 메시지를 어떤 방식으로 유포하여 공중에게 영향을 미칠 것인가가 아니라 "핵심 공중의 조직과의 관계에 대한 인식, 태도, 행동을 변화시키는 것"(Ki & Hon, 2007: 2)이다. 전자는 관계관리로서의 PR 개념이 등장하기 이전의 PR 패러다임으로 커뮤니케이션 관리를 강조한다. 반면 1980년대 중반 이후 등장한 관계관리로서의 PR은 관계를 협상하기 위한 도구로서의 커뮤니케이션을 강조하는 패러다임이다(Kent & Taylor, 2002: 23; Bruning et al., 2004: 336에서 재인용).

PR의 관계성 모델은 그루닉과 헌트(Grunig & Hunt, 1984)의 쌍방 균형 모델을 기반으로 한 것이다. 그루닉과 헌트(Grunig & Hunt, 1984)는 PR의 유형으로 언론 대행 모델(press agentry model), 공공정보 모델(public information model), 쌍방 불균형 모델(two-way asymmetric model), 쌍방 균형 모델(two-way symmetric model) 등 네 가지를 제시했다. 언론 대행 모델은 조직의 목표 달성을 위해 메시지의 진실성 여부와 상관없이 언론을 이용하여 조직을 알리는 PR 활동을 의미한다. 공공정보 모델은 조직에 대한 정확한 정보를 전달하되, 공중과의 관계에 대해서는 관심이 적은 PR 활동이다. 쌍방 불균형 모델은 공중의 특성에 대한 과학적 분석과 전략적 기법을 동원하여 공중의 인식과 태도를 변화시킴으로써 PR의 효과성을 극대화하려는 활동이다. 이러한 활동은 쌍방향 커뮤니케이션을 통해 이루어지지만 피드백이 불균형적이다. 쌍방 균형 모델은 공중에 대한 전략적 분석과 기법을 동원하여 조직의 목표를 효과적으로 달성하기 위한 수단으로서 PR이 기능하되, 공중의 태도와 인식만 변화하는 것이 아니라 공중의 요구에 맞게 조직도 변화한다는 점에서 균형적이다. 상호 이해 및 공중과 조직의 변화를 위해 과학적 분석뿐만 아니라 대화를 시도한다는 점에서(Kent & Taylor, 2002: 23에서 재인용) 관계성 PR의 기반이 될 수 있다.

PR의 관계성 모델은 정부PR이 정부의 정책 및 성과에 대해 국민에게 알리는 기능 이상으로 정책 과정 전반에 대한 국민의 의견 수렴, 다양한 이해집단과 정부의 우호적 관계 정립, 이해집단 간 및 이해집단과 정부 간 우호적 관계 형성을 위한 정부의 조정 능력까지 포괄할 수 있어야 함을 시사한다. 이는 곧 거버넌스적 관점에서의 PR 기능이 정립되어야 함을 의미한다고 볼 수 있다(강정석 외, 2010). 이를 위해서는 그루닉과 그루닉(Grunig & Grunig, 1992: 316)이 제안하는 바와 같이 쌍방향 균형 PR을 위한 조직 체계 및 규칙이 우선적으로 수립되어야 한다(Kent & Taylor, 1998: 323 재인용).

1 PR의 관계성 모델과 정부 신뢰

이 글은 관계성 모델이 두 가지 측면에서 정부 신뢰 제고에 기여할 수 있다고 본다. 첫째, 관계성 모델에 따르면, 조직의 핵심 이해관계자와 장기적으로 우호적인 관계를 형성하는 것이 PR의 가장 중요한 목적이다. 그리고 우호적인 관계의 핵심은 신뢰이다. PR의 목적 자체가 신뢰를 바탕으로 한 상호 호혜적인 관계의 형성 및 발전인 것이다. 둘째, 성실성 및 호의가 정부 신뢰에 영향을 미치는 중요한 변수인데, 관계적 PR에 내재한 윤리적 PR은 정책 과정상에서 성실하고 호의적인 정부 행위를 달성하는 기반이 된다. 관계성 모델에 따른 PR은 정직, 공중에 대한 관심, 진실성, 개방성, 그리고 비조작(non-manipulation)을 지향하는 윤리적 커뮤니케이션의 수행을 의미한다. PR의 윤리성은 국민과 정부의 관계가 주인-대리인의 관계에 있고 정보 비대칭성에 의해 정부가 적극적으로 정보를 공개하지 않을 수 있다는 점에서 더욱 그 중요성이 크다고 할 수 있다. 정보 비대칭이 큰 관계일수록 대리인의 도덕적 의무감이 신뢰 형성에 중요한 영향을 미치는 것이다(오경민 · 박흥식, 2002). 국민은 정부가 윤리적일 것이라는 믿음이 있을 때에 신뢰하게 된다는 측면에서 윤리적 PR의 중요성이 간과될 수 없다.

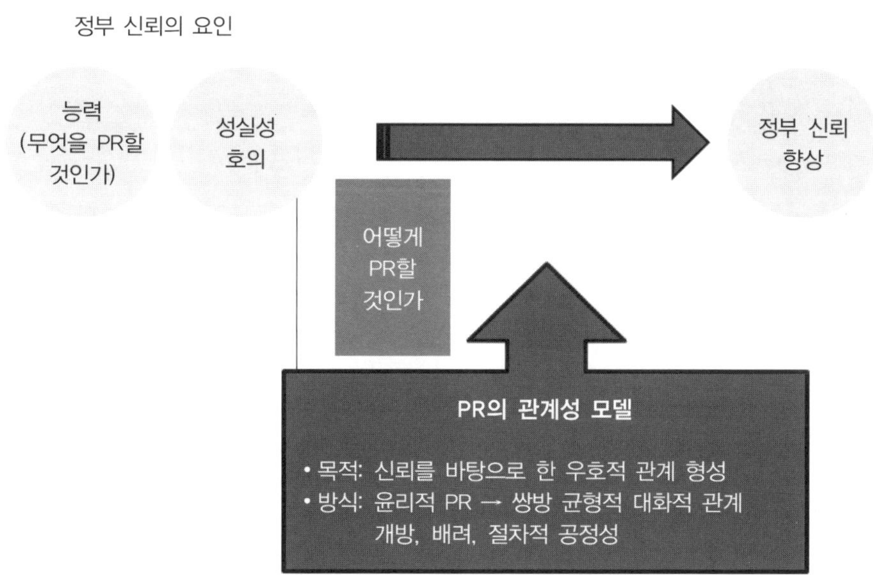

그림 2-1 정부 신뢰와 PR의 관계성 모델

2 관계의 하위 개념으로서 신뢰

PR의 관계성 모델을 주장하는 학자들은 '관계'를 다양한 하위 개념으로 정의하고 있는 데, 이 가운데서 공통적으로 중요한 요인으로 분류되는 것이 신뢰이다. 허튼(Hutton, 1999)에 의하면, '관계'는 효과적인 커뮤니케이션, 상호 적응, 상호 의존성, 공유된 가치, 신뢰와 헌신을 포함하고 있는 개념이다(Hutton, 1999: 209). 레딩햄과 브루닉(Ledingham & Brunig, 1998)은 조직-공중/고객 간 관계(organization-public relations)는 신뢰(trust), 개방성(openness), 참여(involvement), 투자(investment), 헌신(commitment)으로 구성된다고 했다. 그리고 이와 같은 다섯 가지 요인은 고객/공중이 관계 형성을 위한 조직의 다양한 행위에 대해 인지하고 있을 때, 고객/공중이 조직에 대해 신의를 지키도록 하는 데(loyalty) 영향을 미친다(Ki & Hon, 2007: 3).

브루닉과 갤러웨이(Brunig & Galloway, 2003)는 고객과 조직의 관계를 조직의 인격적 특성(anthropomorphism), 전문성에 기반하여 고객의 이익을 먼저 생각하고 책임성 있게 행동할 것이라는 기대(professional benefits/expectations), 조직과 관계를 지속하고자 하는 정도(personal commitment), 조직의 지역사회 기여도에 대한 인식(community improvement), 조직의 비교 우위에 대한 인식(comparison of alternatives) 등 다섯 가지 하위 개념으로 구성했다. 이들 하위 개념 가운데 조직의 인격적 특성(anthropomorphism)과 전문적 책임성(professional benefits and expectations)은 개념적으로 신뢰와 매우 유사하다.

브루닉과 갤러웨이(Brunig & Galloway, 2003)는 조직의 인격적 특성에 대한 고객의 인식을 측정하기 위해 조직의 투명성에 대한 인식과 조직의 고객에 대한 시간과 노력의 투자 이외에 조직이 고객과의 약속을 이행할 것에 대해 믿는 정도를 측정 도구로 사용했다. 전문적 책임성의 경우 고객의 안녕(welfare)을 고려할 것에 대한 기대, 사회적으로 책임있게 행동할 것에 대한 기대, 고객과 조직의 이익을 동일시할 것에 대한 기대, 고객을 정직하게 대할 것에 대한 기대, 고객과의 관계 유지를 위해 자원을 투입할 것에 대한 기대로 개념화했다. 이와 같은 관계의 측정 도구는 피신뢰자의 규범적 행동에 대한 기대라는 측면에서 개념적으로 신뢰와 매우 밀접한 관계에 있다고 볼 수 있다.

혼과 그루닉(Hon & Grunig, 1999)은 신뢰를 공중과의 관계를 나타내는 지표 가운데 하나로 개념화했다. 혼과 그루닉(Hon & Grunig, 1999)에 따르면, 성공적인 조직－공중 관계는 상호 정당한 권력 행사를 통한 통제 가능성(control mutuality), 신뢰(trusts), 과거의 만족스러운 상호 작용에 기반한 긍정적 기대감(satisfaction), 관계의 지속 의지(commitment)가 높은 관계이다. 이 가운데 혼과 그루닉(Hon & Grunig, 1999)은 신뢰를 상대방에 대해 자신을 개방하고자 하는 정도로 정의하고, 조직의 공정성에 대한 믿음(integrity), 조직의 약속 이행에 대한 믿음(dependability), 그리고 조직이 약속 이행 능력에 대한 믿음(competence)으로 구성했다.

PR의 관계성 모델을 주장하는 학자들은 실질적으로 그것이 조직에 어떠한 이익을 가져다 줄 수 있는가에 대한 질문을 던지게 되는데, 이러한 맥락에서 나온 연구가 관계 관리 모델의 결과 측정에 관한 연구이다. 이러한 연구는 PR이 핵심 공중을 파악하고 그들과 조직 간의 지속 가능한 관계를 형성, 유지하기 위한 관리 및 커뮤니케이션을 수행할 때 조직의 효과성을 향상시키는 것을 경험적으로 분석하고자 하는 것이다(Hon & Grunig, 1999: 9). 브루닉 외(Brunig et al., 2004)의 시와 주민 간의 관계성에 관한 연구에 따르면, 시와 긍정적인 관계에 있는 주민은 시에서의 삶의 만족도 또한 높다. 혼과 그루닉(Hon & Grunig, 1999)의 연구에서는 대학생들의 학교와의 관계에 대한 만족도가 높을 경우 대학에 대한 긍정적인 태도를 갖고 있었다. 이와 같은 연구 결과를 통해 국민이 정부와의 관계에 대해 만족할수록 정부의 정책에 대한 긍정적 태도를 가지게 됨을 알 수 있다.

PR의 관계성 모델은 국민과의 긍정적인 관계를 정립하는 활동으로서의 정부PR이 정부 신뢰를 증진시키고 그것이 정부의 효과성에 영향을 미칠 수 있다는 점을 시사한다. 예를 들면, 혐오시설이 입지하게 될 지역의 주민과 정책 입안 조직 간의 님비(NIMBY) 현상에 따른 갈등은 관계성에 입각한 정책PR이 이루어질 때 예방 또는 감소될 수 있다. 지역 주민과 정책 입안 주체 간의 역기능적 갈등은 지역 주민의 정부에 대한 신뢰도가 낮고 정부 또한 정책 목표 달성을 위한 지역 주민의 협조 가능성에 대해 낮게 평가하고 신뢰하지 않을 때에 더욱 심화된다. 이 경우 정부와 지역 주민 간의 쌍방 균형적 커뮤니케이션을 통해 '관계'의 질을 향상시키는 것이 우선시되어야 한다. 즉, 신뢰를 높일 수 있는 커뮤니케이션 전략이 요구된다. 갈등이 심화되어 있는 경우 중재자를 통해 갈등을 조정하고 신뢰적 관계를 정립하기 위한 쌍방향적 커뮤니케이션이 필요하다. 특히, 다양한 이해관계자가 관련되어 있는 심각한 갈등 상황에서는 정치적 협상을 통한 갈등 해결이 요구되기 때문에 신뢰를 바탕으로 한 이해와 협조를 위해 PR이 요구되는 것이다(손호중, 채원호, 2005). 관계적 PR에 의해 정립된 신뢰 기반의 지속 가능한 우호 관계는 갈등 발생 시 조직과 공중 간 완충제 역할을 하며, 갈등 상황이 위기로 치닫게 되는 상황을 예방한다.

3 신뢰, 윤리, PR의 관계성 모델

PR의 윤리성은 "어떻게 반응(responding)하고 무엇을 이야기(talking)할 것인가"보다 "대화와 이해를 통해 공중의 요구에 부응하는 것이 필수적인 것"임을 인식하는 것의 문제이다(Leeper, 1996; Kent & Taylor, 1998: 325에서 재인용). 정책 과정에서 대화와 이해를 우선시한다는 것은 관계성 PR이 개념적으로 정책 수혜자의 가치를 정책 과정에 투입하기 위한 매개 역할을 하는 것을 의미한다. 나아가 신뢰적 관계 정립을 위한 윤리적 PR 과정은 정직하게 행동하는 것, 사익보다 국민의 이익을 위해 정책 결정을 하는 것, 국민을 참여의 대상으로 인정하여 충분한 의견 수렴을 거쳐 절차적 공정성을 증진하는 것 등 정부 행위의 성실성과 호의적 행위를 활성화한다. 정부 특성 요인으로서 성실성과 호의는 정부 신뢰의 독립변수로서, 효과적 정부 PR 방법을 이들 독립변수를 활성화하기 위한 방안의 관점에서 모색한다면, 관계성 모델에 기반한 윤리적 PR이 유용한 시사점을 제공한다. 이하에서는 관계성 PR의 윤리성에 대한 문헌 검토를 통해 관계성 PR이 정부 신뢰를 어떻게 제고할 수 있는지 좀 더 구체적으로 분석한다.

1) PR의 윤리성에 대한 이론과 신뢰와의 관계

관계적 PR의 윤리성에 관한 논의는 관계적 PR이 쌍방향 커뮤니케이션을 통해 신뢰적 관계를 증진시키고자 하는 것 자체가 윤리적이라고 보는 이론과, 관계성 증진이라는 PR의 윤리성을 달성하기 위한 수단으로서의 PR 행위에 대한 이론으로 분류할 수 있다. 전자에 대해 피어슨(Pearson, 1989)은 조직의 결정에 영향을 받는 모든 공중과 높은 질의 의사소통 관계를 형성, 유지하는 것이 도덕적으로 중요하다고 주장한다.

이와 같은 PR의 윤리적 목표는 '쌍방 균형의 대화적 관계(dialogical)'에 의해 달성된다(Grunig et al., 2002: 555). '쌍방 균형적 대화(dialogical)'에 의한 PR이란 일방에 의해 주도되는 커뮤니케이션이 아닌 대등한 쌍방의 협상적 커뮤니케이션 과정으로, 조직과 공중 모두의 이익에 부합하는 관계 형성에 필수적이다(Kent & Taylor, 2002). 켄트와 테일러(Kent & Taylor, 1998)는 쌍방 균형적 대화 과정에 참여하는 쌍방은 반드시 상대방의 의견에 동의할 필요는 없으며, 대화를 통해 의견의 일치에 도달해야 하는 것이라기보다는 개방적인 토론 과정이라고 주장한다. 이 과정에는 개방성뿐만 아니라 상대방에 대한 존중이 필수적이고, 관계적 의사소통(relational communication)에서 대화(dialogue)는 순수성, 공감에 기반을 둔 정확한 이해, 무조건적인 긍정적 이해, 현재성, 상호 평등의 정신, 상호 지원적 환경이 요구되기 때문에 윤리적 PR이라고 간주된다. 이러한 관점에서 피어슨(Pearson, 1989)은 윤리적 PR을 "대인간 변증법의 관리 방식으로 개념화"할 수 있다고 보았다. 윤리적 PR이 가능하도록 하기 위해 피어슨(Pearson, 1989)은 쌍방향 대화가 가능하게 하는 체계(dialogic system)를 구축하고, 이를 통해 다양한 이해관계자가 경쟁하고, 공통의 이해와 관점을 찾아갈 수 있도록 할 것을 제안한다.

피어슨(Pearson, 1989)의 윤리 이론을 바탕으로 그루닉 외(Grunig et al., 1996/J. Grunig & Grunig, 1996; Grunig et al., 2002: 556에서 재인용)는 PR 행위의 윤리이론을 제시했다. 윤리적 PR 담당자는 조직의 의사결정이 공중에게 미칠 잠재적 영향에 대해 판단하고, 그것을 공중에게 거짓 없이 알리고 정책 결정을 위한 커뮤니케이션 과정에 참여시킬 도덕적 의무가 있다는 것이다. 피어슨(R. Pearson)의 이론은 의무론에 기반한 것으로 PR의 산물로 윤리적인 관계가 형성되는 것으로 본다면 그루닉(J. Grunig) 외는 윤리적 PR을 목표로 어떠한 과정을 거쳐야 하는지를 PR 담당자의 역할을 중심으로 이론화한 것이라고 할 수 있다.

보웬(Bowen, 2000)의 윤리 이론은 PR 행위의 윤리성을 네 단계 과정으로 이론화한 것이다. PR 담당자는 우선 ① 정치적, 금전적 영향이나 개인의 이해가 결부된 결정이 아닌 합리적 이유(reason)에 의한 의사결정 여부를 판단한다. 그리고, ② 공중의 입장에서 의사결정 내용을 판단하며, 그 다음 단계로 ③ 의사결정이 조직의 이익뿐만 아니라 사회 전체와 공중에 대한 조직의 의무와 부합하는지 판단한다. 마지막으로, ④ 결정된 사안에 대한 쌍방 균형적 의사소통을 촉구한다.

이상과 같은 논의를 종합해 보면, 관계 형성을 위한 윤리적 PR 행위의 원칙과 절차는 개방성, 배려, 절차적 공정성 등 정부 신뢰를 제공하는 정책결정을 활성화하는 것으로 이해할 수 있다. 정책결정 과정에서 공무원의 정책 판단 근거의 합리성과 사회 전체 편익 실현에 대한 고려뿐만 아니라, 국민을 쌍방 커뮤니케이션의 대등한 대상으로 인정하고 존중하여 소통 채널을 개방하는 윤리적 PR을 실현함으로써 정부 신뢰를 제고할 수 있다.

제 5 절 관계성 향상을 위한 PR 전략

그렇다면, 국민과 정부 간의 긍정적 관계를 유지하여 정부 정책에 대한 순응도를 높이기 위해 정부PR은 어떤 전략을 취해야 하는가? 지금까지의 논의를 종합해 보면, 관계성 향상을 위해 PR 담당자는 정보 전달자 역할을 넘어 쌍방향 커뮤니케이션을 수행하기 위한 역량을 갖추어야 한다. 쌍방향 커뮤니케이션 수행 역량을 바탕으로 한 구체적인 전략은 커뮤니케이션 행태와 메시지 구성 측면으로 구분할 수 있다.

1 커뮤니케이션 행태 전략

커뮤니케이션 행태 전략으로 혼과 그루닉(Hon & Grunig, 1999)은 대인 관계 전략을 PR에 응용할 수 있다고 제시한다. PR에 활용할 수 있는 대인 관계 전략으로는 접근성(access), 긍정성(positivity), 개방성(openness), 공중의 이해에 대한 정당성 인정(assurance), 네트워킹(networking), 문제 해결을 위한 역할 분담(sharing of tasks)이 있다.

접근성은 핵심 공중 및 오피니언 리더와 정책결정자 간 쌍방 의사소통 채널을 통해 PR이 이루어져야 하는 것을 의미한다. 쌍방 의사소통 채널은 기자 회견 등과 같은 전통적인 매체에 국한되지 않고 타운홀(Town Hall) 미팅, 직접적 홍보를 위한 이벤트 등 좀 더 다양한 방식으로 신뢰 향상에 기여할 수 있다(Rawlins, 2007).

긍정성은 관계에 속한 공중과 정책결정자 등 모든 당사자의 필요와 기대를 충족시킬 수 있어야 한다는 것이다. 이러한 과정에서 관계 향상을 위한 PR을 위해 PR 주체는 정보와 의견을 공개해야 한다(openness). 이해관계가 복잡하게 얽혀 있을수록 정책 사안에 대한 정보 공개는 장점뿐만 아니라 단점까지 적극적으로 밝히는 것이 정책 순응도를 높일 수 있다(전형준 · 김재신, 2012).

또한, PR 담당자는 정책 이슈에 대한 여론의 정당성을 인정하고 그것을 정책결정 과정에 투입하는 역할을 담당할 수 있어야 한다(assurance). 정책에 대한 국민의 의견과 우려에 대한 공감은 공식적 · 형식적인 PR 행위가 아닌, 좀 더 국민과 친밀한 상호 작용을 통해 신뢰 향상에 기여할 수 있다(Rawlins, 2007).

그 밖에, 공중이 형성한 네트워크에 정책 담당 기관이 참여(networking)하거나, 공동의 목표 달성을 위해 관계 참여자와 역할 분담(sharing of tasks)을 통해 관계성을 향상시킬 수도 있다. 정부의 보편적 책임 이행 능력뿐만 아니라 특정 정책과 연관된 이해관계자들에 대한 책무 이행 능력 또한 정부 신뢰에 영향을 미칠 수 있기 때문에(양건모, 2007) 정책 네트워크 활성화를 통한 관계성 향상이 요구된다.

이러한 전략이 정책결정 과정에서 실질적으로 활용되어 정부-국민 간 관계의 질을 향상시키기 위해서는 PR 주체가 국민은 수동적인 존재가 아니라 지속적인 커뮤니케이션 과정에서 동등하게 참여하는 존재임을 인정해야 한다(Gronstedt, 1997: 342; Brunig et al., 2004:

342에서 재인용). 또한, 정부 신뢰 향상을 위한 PR은 매스커뮤니케이션을 통한 PR에서 인간관계적 접근(interpersonal approach)으로 변화할 필요가 있다.

2 메시지 구성 및 전달 전략

커뮤니케이션 행태뿐만 아니라 핵심 공중에게 전달하는 메시지의 구성 방식을 통해서도 관계성을 증진시킬 수 있다. 브루닉(Brunig, 2001)은 PR의 관계성 모델을 실천하기 위한 원칙(axioms of relationship management) 열 가지를 제시했는데, 구체적인 내용은 다음과 같다.

첫째, 핵심 공중(key public)과 조직의 상호 작용 관계는 형성-발전-쇠퇴와 같은 국면을 거친다. 따라서, PR 담당자는 과거의 경험을 통해 관계 형성에 영향을 주는 다양한 요인을 학습하여 현재 및 미래의 관계 관리에 적용할 수 있어야 한다.

둘째, 조직과 공중은 상호 의존적 관계에 있다. 따라서, PR 담당자는 관계의 형성은 궁극적으로 조직과 공중 모두에게 이익이 되는 것임을 인지해야 한다.

셋째, 조직-공중 관계에서 커뮤니케이션은 피할 수 없는 과정으로(inevitable), PR 담당자는 핵심 공중의 커뮤니케이션 성향을 파악해야 한다. 커뮤니케이션 성향은 커뮤니케이션 내용에 대한 해석, 선호하는 커뮤니케이션 행태와 관계의 특성을 포함한다.

넷째, 한번 이루어진 커뮤니케이션은 되돌릴 수 없기 때문에(irreversible) PR 담당자는 특정 이슈에 대한 핵심 공중의 태도와 인식뿐만 아니라 그것이 공중과 조직에 어떤 영향을 미칠 것인가에 대해 미리 파악해야 한다.

다섯째, PR은 문화적 변수에 영향을 받는다. 따라서, PR 담당자는 핵심 공중의 문화적 특성을 반영하여 메시지의 구성과 내용, 커뮤니케이션 스타일, 전달하고자 하는 이미지를 구성해야 한다.

여섯째, 조직-공중 간 관계는 적응의 과정이다. 따라서, PR 담당자는 핵심 공중이 필요로 하는 관계에 부합하는 메시지 개발 및 커뮤니케이션 행태를 취할 필요가 있다.

일곱째, 조직-공중 간 의사소통은 메시지의 내용뿐만 아니라 메시지를 통해 형성하고자 하는 관계 설정 모두를 포함하는 개념이다. 따라서, PR 담당자는 공중에게 전달해야 할 정보의 정확한 구성을 통해 공중의 이해를 높일 수 있어야 한다. 그뿐만 아니라, 관계 형성의 맥락, 관계의 형태, 관계에 포함되어야 할 핵심 공중에 대한 파악을 통해 관계적 메시지를 효과적으로 전달할 수 있어야 한다.

여덟째, 관계는 호혜성의 원칙을 바탕으로 형성되어야 한다. 따라서, PR 담당자는 관계 형성을 위해 투입하는 시간과 비용 등이 핵심 공중에게 어떤 영향을 미치는지 파악할 수 있어야 한다.

아홉째, 핵심 공중과의 관계 형성 방식은 관계의 목적에 따라 다양할 수 있다. 따라서 관계의 목적을 정확하게 이해해야 전략적인 메시지 작성과 지속 가능한 관계 발전이 가능하다.

열째, 조직과 공중의 관계에는 커뮤니케이션을 위한 매체, 상호 작용 패턴 등 상호 작용 기대(interaction expectations)가 내재되어 있다. 따라서, PR 담당자는 핵심 공중이 선호하는 정보 전달 방식, 핵심 공중의 성향에 맞춤형으로 구성된 메시지를 기반으로 관계의 형태에 맞게 상호 작용할 수 있어야 한다.

이상 브루닉(Brunig, 2001)이 제시하는 전략은 PR 담당자의 관계에 대한 학습, 관계에 참여하는 공중에 대한 학습, 그리고 관계 유지를 위한 메시지 구성 및 전달 방식에 대한 학습으로 요약할 수 있다. 이러한 전략이 정부PR 과정에서 활용되기 위해서는 정책결정 과정 전반에서 PR 기능이 항시적으로 작동될 필요가 있다. 그리고, PR 담당자가 관계성 PR 전략에 대한 전문성과 정책에 대한 전문성을 겸비해야 한다. 이를 위해서는 조직 전체의 PR을 담당하는 컨트롤 타워로서 PR 조직 이외에 정책 사안별로 PR 담당자를 구성하는 것도 하나의 방안이 될 수 있을 것이다.

제 6 절 결론

이 글은 정부 신뢰를 제고하기 위한 수단으로서 효과적인 정부PR을 수행하기 위해서는 우선 정부 신뢰에 영향을 미치는 영향에 대한 검토가 필요하다는 인식하에, 신뢰의 정부 특성 요인과 PR의 관계성 이론을 중심으로 정부 신뢰와 정부PR의 관계를 탐색했다. 우선, 정부 신뢰의 특성 요인 가운데 정부 행위의 성실성과 호의적 정책 결정은 관계성 PR 이론의 목적 및 전략과 부합하여, PR의 관계성 모델이 정부 신뢰 향상을 위한 수단이 될 수 있음을 밝혔다. 그리고, 정부정책 결정 과정에 응용할 수 있는 관계성 관리 전략을 검토했다.

관계적 PR은 의사소통을 관리하는 것으로부터 관계 형성 및 유지를 위한 협상 도구로서의 의사소통(communication)으로 PR의 목적에 대한 전환적 관점을 제공하며, 공중과의 신뢰 향상은 관계를 구성하는 가장 중요한 개념 가운데 하나이다. 정책 과정에 이를 응용한다면, 정책 이슈와 정책 수혜자의 가치를 정책결정 과정에 투입하기 위해 개방적 의사소통을 취할 뿐만 아니라, 절차적 공정성과 윤리적 정책 판단 과정을 포함함으로써 성실성과 호의에 기반한 정부 행위를 이끄는 메커니즘으로 작용, 궁극적으로 정부 신뢰를 향상시킨다. 효과적 의사소통(good communication)은 조직과 공중의 행동을 함께 변화시키고 결과적으로 우호적 관계(good relationships)를 형성하게 한다. 행동 변화까지 유발하지 못하는 경우에도, 조직의 명성에 타격을 입힐 수 있는 역기능적 갈등 유발은 생기지 않을 수 있다. 이러한 과정을 통해 국민이 정책결정자를 신뢰하고 정책에 순응하게 된다.

따라서, 정부PR 기관 및 실무자의 역할이 변화할 필요가 있다. 정부PR 행위자는 조직의 이해 대변과 정책에 대한 정보 제공 역할에 그치는 것이 아니라, 정책결정자로 하여금 특정 정책이 공중에게 미칠 영향에 대해 이해할 수 있도록 해야 한다. 그리고, 정책을 둘러싼 다양한 이해관계자와의 우호적 관계를 형성하는 매개 역할, 거버넌스 참여자 간 관계의 질을 향상시키는 기능, 참여자 간 원만한 협상을 가능하게 하는 윤활제 기능을 할 수 있어야 한다. PR 주체의 역할 확대와 기능의 고도화를 위해 정부PR의 개념과 인식에 대한 전환이 요구되는 시점이라 하겠다.

제 3 장 소셜 미디어: 미국 사례의 시사점

제 1 절 서론
제 2 절 정의 및 이점
제 3 절 민주적 거버넌스를 위한 소셜 미디어의 개념화
제 4 절 소셜 미디어의 이점과 주의점
제 5 절 미국 정부의 소셜 미디어 사용례
제 6 절 소셜 미디어에 대한 우려
제 7 절 활용 정책
제 8 절 지방정부에 대한 도전
제 9 절 신뢰에 대한 의견
제10절 결론: 한국에 대한 제언

제 3 장 소셜 미디어: 미국 사례의 시사점

제 1 절 서론

2002년 노무현 전 대통령이 대통령 선거에 출마한 당시, 대선 캠페인에서 승리하기 위해 적극적이고 인상적으로 네티즌들을 동원했던 것을 기억한다. 노무현 정부는 새롭게 시작된 21세기 초 '밀레니엄 친화적인' 정부라고 할 수 있었다. 내가 추측하기로, 그는 한국의 많은 기업과 기관이 편리한 커뮤니케이션 기술을 제공하는 글로벌 혁신에 지속적으로 앞장서고 있는 모습에 감명을 받았을 것이다.

현재 미국 대선에 출마한 오바마(Barack H. Obama) 대통령과 롬니(Mitt Romney)를 보거나, 올 해 있을 한국의 대선을 보아도, 우리는 각 대선 캠페인이 최근의 기술 혁명과 연관된 소셜 미디어에 대한 투자를 증대시키고 있음을 알 수 있다. 마찬가지로 아이티 지진과 호주 퀸즐랜드의 재해가 일어났을 때, 소셜 미디어는 구조와 안전에 대한 노력뿐만 아니라 사건에 대한 공공 지식(public knowledge)을 전했다(Magro, 2012). '아랍의 봄(Arab Spring)'도 그와 같은 식으로 일어났다.

이 글에서는 소셜 미디어와 행정에 대해 논의할 것이며, 특히 미국을 중심으로 소셜 미디어가 신뢰에 미치는 영향에 대해 초점을 맞출 것이다. 이는 한국 정부가 소셜 미디어를 활용하는 데에 다음 단계로 나아가기 위해 필요한 제안이 될 수 있을 것이다. 우리는 소셜 미디어에 대한 정의 및 민주적 맥락에서 소셜 미디어의 사용에 대해 개념화한 후, 소셜 미

* 버나드 로완(Bernard Rowan): 시카고주립대학교(Chicago State University) 교수.

디어의 장점과 몇 가지 주의점에 대해 논의하고, 미국 정부의 소셜 미디어 사용의 현 상태를 설명할 것이다. 그리고 소셜 미디어에 대한 일반적인 우려에 대해 살펴보고, 소셜 미디어 활용을 위한 구체적인 사용 정책이 부족함을 지적하며, 특히 지방정부가 소셜 미디어를 활용하는 데 따르는 과제를 요약할 것이다. 끝으로 소셜 미디어와 신뢰와 관련된 이슈에 대해 이야기하고 제언으로 마무리하고자 한다.

제 2 절 정의 및 이점

마그로(Michael J. Magro)는 소셜 미디어에 대해 다음의 정의를 내리고 있다.

> 소셜 미디어는 페이스북(Facebook™)과 구글플러스(Google+™)와 같은 소셜 네트워크 애플리케이션과 트위터(Twitter™), 블로그, 위키(Wikis)와 같은 마이크로 블로깅 서비스, 유튜브(YouTube™)와 플리커(Flickr™)와 같은 미디어 공유 사이트를 포함한다. 소셜 미디어는 이용자 제작 콘텐츠, 온라인 신원 생성(online identity creation) 및 관계형 네트워킹으로 특징되는 Web 2.0의 일부로 간주된다. 소셜 미디어는 특히 온라인 참여가 가능하다는 점에서 주목받고 있다(Magro, 2012).

밀러(Miller, 2010)가 언급한 바에 의하면, 2010년 전 세계에는 수억 명의 이용자와 200여 개의 소셜 미디어 웹사이트가 있었다. 이 연구가 행정 분야를 다루고 있긴 하지만, 소셜 미디어가 민간 부문에 의해 자본화되어 왔다는 것에도 주목해야 한다. 민간 부문은 소셜 미디어 이용자와 애플리케이션, 그리고 웹사이트에 브랜드를 연결하기 위해 가장 눈에 잘 띄는 곳에 링크를 배치하고, 캠페인을 광고하며, 제품과 서비스를 판매해 왔다. 흥미로운 점은 민간 부문과 소셜 미디어에 대한 중요성으로 인해 커뮤니티 관리자라는 직업이 증가하고 있다는 것이다.

> 커뮤니티 관리자는 기업 블로그와 포럼을 감독하고, 회사 웹사이트와 소셜 미디어 페이지에 고객을 유치하기 위해 적극적으로 활동하며, 회사의 온라인 커뮤니티들을 관리함으로써 추종자들과의 관계를 육성한다(Miller, 2010).[1)]

또한 많은 사람이 소셜 미디어는 젊은 Z세대의 영역이라고 가정하지만, 실제로는 그렇지 않다.

> 일반적으로 밀레니엄 세대 - 1970년대와 2000년대 사이에 태어난 사람들 - 가 소셜 미디어의 주 이용자일 것이라는 생각에도 불구하고, 렉싱턴(Lexington)과 켄터키(Kentucky) 주를 기반으로 미국 주정부 최고정보책임자연합(National Association of State Chief Information Officers: NASCIO)이 실시한 2010년 소셜 미디어 사용에 대한 국가 조사에서는, 페이스북 이용자의 평균 나이가 38세, 트위터 이용자의 평균 나이는 39세인 것으로 나타났다(Moody & Carter, 2010).

소셜 미디어는 공공기관과 민간기업, 그리고 소셜 미디어 기술에 접근할 수 있고 사용할 수 있는 모든 이를 위해, 공공과 민간의 의사소통의 영역을 재배치하고 현대화하며 확장시킨다.

제 3 절 민주적 거버넌스를 위한 소셜 미디어의 개념화

소셜 미디어는 정치적으로 바른 교육 또는 그릇된 교육, 정치적 참여 또는 정치적 소외가 발생하는 유사 세계가 될 수 있기 때문에 정부 쪽에서 보면 소셜 미디어는 신중하게 고려하고 투자해야 할 중요한 도구이다. 이 시대에 소셜 미디어를 사용하는 것은 정보가 생성되는 새로운 방법을 만든다는 것이다. 소셜 미디어의 상호 소통 방식은 정부기관의 역할을 확대하고 거버넌스를 위한 건설적인 방향을 제공하는 방식으로 정치사회화와 리더십 형성, 합의의 발전, 반대 의견의 표현, 논쟁과 토론을 가능하게 한다.

프리스와 슈나이더만(Preece & Shneiderman, 2009)은 사회기관과 소셜 미디어 간의 관계를 놓고 "리더 투 리더 프레임워크(Reader-to-Leader Framework)" 모델을 이론화했다.

> "리더 투 리더 프레임워크"는 …… 많은 사람이 처음에는 게시물을 읽음으로써 소

---

1) 여러 측면에서 공공기관에서도 민간 부문의 커뮤니티 관리자(Miller, 2010)와 같은 직위를 만들어야 할 것이다. 이는 공공기관이 시민에게 다가가기 위해, 정보를 제공하고 피드백을 받기 위해, 공적 지식과 정부 신뢰를 강화하는 의사소통 관계를 구축하게 하는 데 필요하다.

> 셜 미디어에 가입하며 그 다음 간단한 메모를 보내거나 질문을 하거나 사진을 업로드하거나, 음식점 순위를 매기는 등의 소소한 일들을 하면서 소셜 미디어에 참여하게 된다고 서술한다. 일부는 위키피디아(Wikipedia)의 문서 또는 유튜브 영상을 다른 이용자와 공동작업을 하거나, 토론의 리더가 되거나 새로운 유입자를 돕는 역할을 수행하게 될 수 있다.

만약 우리가 "독자에서부터 리더로" 가는 참여의 변화 방식을 쉽게 개념화할 수 있다면, 이는 무엇을 의미하는가? 리더란, 실제적 · 비실제적, 형식적 · 비형식적인 교육을 받은 사람이며, 공동지도자와 추종자들의 직접적인 도움을 받아 변화를 가져오는 지식에 기반하여 행동하는 사람이다. 정치지도자는 좁게는 정치 과정에 영향을 미치는 정당이나 기관의 구성원이며, 궁극적으로는 정부의 구성원이라고 할 수 있다.

소셜 미디어가 만약 윤리적으로 사용되고 정부와 시민 사이에서 진정한 소통을 생성하거나 강화하는 방식으로 사용된다면, 정부를 위한 소셜 미디어는 투명성과 책임성을 위한 매커니즘이라고 할 수 있을 것이다. 이는 민주주의를 발전시키고 참여와 리더십에 대한 기회는 물론, 시민 신뢰를 확산시키는 것이다. 버톳 외(Bertot et al., 2010)에 의하면, 투명성은 부패를 방지하고 참여를 높이기 위한 방안이라고 할 수 있다. 그들은 이러한 투명성을 증진시키기 위해 현시대의 정부가 해 온 노력과 정보기술 발전의 흐름에 대해 종합적으로 논의하고 있다.[2)]

정부는 소셜 미디어 사이트상의 내용을 인터넷 웹 사이트의 내용만큼 쉽게 검열하거나 걸러낼 수 없다. 버톳 외(Bertot et al., 2010)는 동아시아 국가들이 다른 국가들에 비해 인터넷 메시지를 필터링하고 있다고 보고했다. 필터링을 통해 소셜 미디어의 존재를 통제하고, 소셜 미디어의 사용을 왜곡하며, 소셜 미디어에 올라온 것 중 비통속적인 메시지를 막고 있다.

민주주의와 신뢰와 관련하여 중요한 차이점은 소셜 미디어가 데이터의 공동 생성이 가능한 환경을 포함하고 있다는 것이다. 소셜 미디어에서 토론하는 주제에 대한 경계가 덜 제한적일수록 소셜 미디어는 민주주의와 신뢰 증진을 위한 발판이 될 수 있을 것이다(시민들이 적절한 기술-정보 격차가 이 논의와 연결된다-에 접근한 것을 가정해 보라).

빙햄(Tony Bingham)과 카터(Marcia Carter)는 '새로운 사회 학습'으로서 소셜 미디어가 발

---

2) 그들의 논문 대부분은 전자정부(e-government)에 대해 논의하고 있다. 전자정부에는 소셜 미디어의 사용이 포함되거나 되지 않을 수도 있다. 또한 서울시청의 OPEN시스템(Seoul City government's OPEN system: 시민 응용 프로그램에 대한 온라인 절차 강화 시스템)에 대해 칭찬하고 있다. 소셜 미디어 측면에서는, 위키리크스(Wikileaks)와 아프가니스탄에서의 대통령 선거(www.afghanistanelectiondata.org)를 다른 프로젝트를 예시로 제시하고 있다.

생시키는 다른 맥락에서의 학습에 대해 언급하고 있다.

> 소셜 미디어가 세 명 이상의 참여를 유도하는 데 사용되는 기술이고, 사회 학습은 새로운 아이디어를 이해하기 위해 다른 사람과 참여하는 것이라면, 새로운 사회 학습은 그 두 가지가 함께 강력하게 작동하는 것이다. 사회적인 도구는 디지털 감사(audit) 흔적을 남기고, 우리의 학습 과정－종종 예측하기 어려운 이야기－을 문서화하며, 다른 사람들이 따라올 수 있도록 경로를 남겨둔다.
>
> 소셜 미디어 도구는 이제 지리적 차이(공간적 경계)나 팀 구성원 간의 시간대 차이(시간적 경계)에 의해 구속되지 않는 사회적 학습을 촉진시킬 수 있다(Bingham & Carter, 2010).

그리고 소셜 미디어에 대해 여전히 "사용하기에 따라 악용될 수도 있다(garbage in, garbage out)"는 우려가 있음에도 불구하고, 학습이 일어날 수 있는 환경과 배경에 대해 독특한 특징을 지니고 있다. 빙햄과 카터(Bingham & Carter, 2010)의 흥미로운 연구에서는 소셜 미디어를 통한 학습이 지식 노동자만을 위한 것이 아니라, 정규 교육에 대한 보완책으로 이해될 수 있다고 보았다. 그런 한편, 소셜 미디어 학습은 직원교육 및 개발을 대체하지는 않으며, 검색 엔진, 웹기반 학습(e-learning), 무형식 학습(informal learning)과 동일하지 않다는 점도 지적한다.

소셜 미디어가 확장시키는 능동적 학습와 관련한 이론은 사회 구성주의이며, 본래 피아제(Jean Piaget)에 의해 이론화된 것이다(Bingham & Carter, 2010). 능동적 학습은 둘 이상의 사회 구성원이 알고, 이해하고, 적어도 부분적이라도 그들 스스로 만들어 낸 학습에 의해 자율권을 가지게 되었을 때 발생한다. 소셜 미디어 학습은 상호 작용을 통해 발생하며, 이용자와 생산자들이 이를 통해 학습하는 것이다. 소셜 미디어 사이트는 공식 또는 비공식, 무작위 또는 계획된 홈 네트워크로서, 정보 공유 및 대화, 조사 및 연구가 가능한 잠재적인 '중첩된 공간(nested cells)'을 만들어 낼 수 있는 것이다(Bingham & Carter, 2010).

하지만 소셜 미디어가 민주적으로 작동되고 그 잠재력을 성취할 수 있도록 하기 위해서는 소셜 미디어에 대한 사회・정치적인 투자가 지속적으로 이루어져야 할 것이다. 소셜 미디어를 통해 새로운 형태의 정보가 나타나고, 이해 관계, 의견을 둘러싼 이견과 항의를 표현하는 새로운 통로가 발생한다는 점을 받아들여야 한다.

저자는 공공의 목적과 시민 참여와 관련 있는 소셜 미디어를 중심으로, 대중과의 협력 가능성을 개발하기 위한 정부기관의 시범사업을 권장한다. 정부는 기술 개발과 배포에 적절하게 투자하고, 정부 소셜 미디어 사용의 효과성에 대해 평가하고 측정하는 것이 중요하다. 소셜 미디어는 '기존 프로세스' 교체의 시작이 아닌 보완과 추가의 기능이다. 소셜 미디어는 온라인 미디어가 국가나 세계의 지배적인 미디어로 전환되어 감에 따라 소통이 이루어지고 투명성을 확보하는 보완적인 수단으로 자리 잡는 것이다.

제 4 절 소셜 미디어의 이점과 주의점

월드와이드 웹 컨소시엄(Worldwide Web Consortium: W3C)이 소셜 미디어 문제에 대해 제시한 2009년 이후로, 많은 정부는 정부의 일과 기능면에서 효과성을 높이고 가시성과 투명성을 증대시키며 공공 참여를 촉진하기 위해, 점차적으로 전자정부와 소셜 미디어 사용의 가능성을 받아들이기 시작했다(Bertot et al., 2010). 버톳 외(Bertot et al., 2010)에 의하면, 소셜 미디어는 협력과 참여를 향상시키고, 권한 이양과 시간 절약을 돕는다는 주요한 장점을 가지고 있다. 이들은 투명성과 관련하여 소셜 미디어가 갖는 잠재적인 이점에 대해 다음과 같이 제시하고 있다.

- 정부 규칙과 시민의 권리에 대한 정보를 제공하는 것
- 정부의 결정과 행위에 대한 정보를 제공하는 것
- 정부의 행동과 지출에 대한 감시를 촉진하는 것
- 정부의 성과에 대한 정보를 전하는 것
- 토지 기록, 면허 등록, 세금 지불 상태와 같은 정부의 행정처리 과정을 개방하는 것
- 선출된 관료와 공무원 중에 부패와 부정활동이 있는지를 조사하고 식별하는 것
- 선출된 관료와 공무원의 자산 및 투자를 공개하는 것

그들이 언급한 것처럼, 소셜 미디어는 '시민 저널리스트'라는 개념을 확장시킨다. 블로거(bloggers)나 이용자들은 중요한 이슈나 문제들에 대해 정확하고 가치 있으면서 예전에는 기대하지 못했던 정보와 문서, 대화, 증언들을 생성한다.

소셜 미디어의 다른 이점은 소통의 편리함과 속도, 신뢰 향상, 정부의 대응성에 대한 긍정적인 인식을 가져온다는 것이다. 소셜 미디어는 민주적인 소통과 협력의 방법을 확장시킨다. 소셜 미디어 사이트의 주인이거나 후원자이기도 한 소셜 미디어 이용자는 의견, 사실, 이론, 대화, 프레젠테이션, 채팅, 온라인 회의 등 다양한 내용과 방식으로 소통을 할 수

있다.

그렇지만 몇 가지 주의할 점이 있다. 소셜 미디어가 낭만적으로만 묘사되어서는 안 된다는 것이다. 사용 정책 및 개인정보 보호정책, 사이트의 유지 관리 활성화, 획득한 정보와 데이터의 사용을 극대화하기 위한 커뮤니티 관리자와 분석 기술에 대한 투자, 공무원과 사이트 이용자를 위한 경계선 설정, 혹은 이를 훈련시키는 것은 모두 소셜 미디어를 효과적으로 사용하기 위한 필수적인 조건이다. 그 과정에서 비용과 시간, 자원이 소모될 것이며, 한계에 도달하면 다른 곳으로부터의 인력 충원도 필요하다.

부정적인 측면으로는 소셜 미디어 사용의 잠재적인 위험성에 대해 심각하게 고려할 필요가 있다. 소셜 미디어가 '연결 중독' 문제를 가져온다는 보고가 증가하고 있으며, 최근 『뉴스위크』지 기사에서는 소셜 미디어가 양성 정신질환(reactive psychoses)과 같은 신드롬으로 논의된 바 있다(Dokoupil, 2012). 또한 소셜 미디어는 불만을 품고 있거나 불안정한 상태의 개인 혹은 집단이 그들의 불만을 반사회적으로 표출할 수 있는 일종의 간접적인 방법을 제공함으로써 사회적 공감대가 줄어드는 현상을 조장할 수 있다. 이는 소셜 미디어가 소통과 서비스 통로를 단지 개방하는 것이지 소셜 미디어를 통해 발생하는 내용의 본질을 바꿀 수는 없다는 것이다. 즉, 소셜 미디어는 정부가 가진 문제를 오히려 크게 만들 수 있다는 것이다. 소셜 미디어는 공공 이용을 위한 새로운 미디어의 조합일 뿐, 만병통치약이 아니다.

다음 주의점들 또한 반드시 고려되어야 한다(Bertot et al., 2010).

1. 소셜 미디어는 부패를 위한 새로운 방법·수단을 만들 수 있다.
2. 소셜 미디어는 윤리적 딜레마에서 자유롭지 않다: 시민 또는 정부관료들이 반민주적, 고백파(confessionalist),[3] 또는 독재적인 방식으로 사용할 수 있다.
3. 정부기관 및 관료들은 소셜 미디어를 마케팅이나 정부홍보의 목적으로 시작할 수 있지만, 투명성과 참여를 위한 수단으로서 소셜 미디어가 가진 잠재성까지 개발할 수는 없다.
4. 시민은 소셜 미디어를 포용해야 하며, 면대면이나 전화 서비스에 의존하는 것을 중단해야 한다. 저자들은 더 많은 교육을 하는 것과 소셜 미디어를 사용하고자 하는 의지 간에 상관 관계가 있다고 지적한다.
5. 소셜 미디어는 이용자와 관리자에게 어느 정도의 기술을 요구한다. 이는 상황에 따라서는 이들의 참여나 후원을 제한할 수 있다.

소셜 미디어에는 의도와 같은 무형적인 것 역시 존재한다. 예를 들자면 소셜 미디어의

3) 역주: 자신들만이 진실되고 진리라고 믿는 고백주의 또는 신조(信條)주의를 주지하는 사람들.

사용을 끌어내는 데 민주적인 의사결정을 선택할 것인지, 단순히 공식정보가 대중에게 효과적으로 노출되는 것을 극대화할 것인지와 같은 것이다. 정부기관이 대중들의 부정적인 의견에 대응하거나 긍정적인 의견을 만들기 위해 소셜 미디어를 사용하는 것은 정부기관이 너무 많은 희소자원을 공공 마케팅 및 이미지 구축에 투자한다는 우려를 불러온다. 이는 정부의 소셜 미디어 사용 시에 행정학자와 실무자들에 의한 이론화가 필요하다는 점을 다시 한 번 강조한다. 이론에는 정부의 소셜 미디어 사용의 적절한 경계와 소셜 미디어가 공공기관의 예산에 어떠한 영향을 미치는지, 그리고 이미지 구축을 위해 기관이 소셜 미디어를 사용할 때 경계 설정을 촉진하는 모범 사례 등이 포함되어야 할 것이다.

제 5 절 미국 정부의 소셜 미디어 사용례

의심의 여지 없이, 소셜 미디어는 시민 교육과 민주적 거버넌스의 커다란 잠재적 자원이다. 전 세계적으로 지속적이고 즉각적인 통신이 주류를 이루는 것이 일반화되는 시대에, 공공기관은 이러한 시대에 적응하여 이동 가능하고 유연한 소통 방안에 예산을 투자해야 한다. 우리는 주목받는 이슈들에 관심 있는 대중을 움직일 수 있는 힘이 소셜 미디어에 있다는 것을 '아랍의 봄(Arab spring)'과 플래시몹(flash mobs)과 같은 사건들을 통해 보았다. 정치적 시대와는 다르게 정부가 혁명이나 현대적인 시위를 조직하는 것에 대해서는 직접적이고 일반적인 고려를 하지 않는 반면, 소셜 미디어는 정치 사회화를 발전시키고, 시민에게 더욱 효과적인 서비스를 제공할 수 있게 하며, 정부가 이전보다 더 자주, 그리고 직접적으로 시민들에게 닿을 수 있는 기회를 제공한다.

미국 정부는 소통과 사회적 현실에서의 이러한 경향을 이해하고 있다. 미 연방정부의 공식 포털사이트인 USA.gov는 트위터, 유튜브, 페이스북, 모바일앱, 블로그와 같은 소셜 미디어와 연결된 링크를 가지고 있다. 이는 사용 정책 및 개인정보 보호에 대한 정책을 구체화시키고 있다.

미국 소비자제품안전위원회(U.S. Consumer Product Safety Commission)와 같은 정부기관은 소셜 미디어를 사용하여 온라인으로 소비자가 제품에 대해 항의하는 민원을 모으도록 하고 있다(Neff, 2011). 이 시스템은 제품 생산자로 하여금 불만을 표현한 소비자에 대해 응답하도록 하며, 게재된 불평 사항에 악의적인 보고가 들어가지는 않는지 감시할 수 있다.

모든 불만 신고인은 연락처 정보를 제공하도록 요구되고 있다. 고발 과정이 '감춰진 비밀'의 하나로 다루어지기보다는, 다른 불만을 대중이 볼 수 있도록 함으로써 신뢰성을 향상시킨다. 사이트 SafeProducts.gov는 시민과 소통하기 위한 강력한 방법으로서, 불만 사항을 검색할 수 있는 데이터베이스를 갖추고 있다(Neff, 2011).

연방수사국(FBI)은 시민들과 정보를 공유하기 위해 트위터, 페이스북, 유튜브에 계정을 만들었다. 시민들은 아이폰(iPhone)과 아이패드(iPad)에서 지명수배자 정보와 다른 긴급한 뉴스에 대한 정보를 제공하는 애플리케이션을 다운로드할 수 있다. 이 애플리케이션은 또한 이용자들에게 가장 가까운 FBI지부에 연락할 수 있도록 정보를 제공한다. 이는 정부기관이 대중에게 보안 및 치안정보를 전파하기 위해 소셜 미디어를 활용한 노력들 중 일부라고 볼 수 있다(Federal Bureau of Investigation, 2010).

금융 및 세계 통화의 불확실성이 지속되고 있는 시기에 특히 경제정책과 관련한 중요한 국가기관 중 하나인 연방준비제도이사회(Federal Reserve Board)는 세간의 이목이 닿기 전에 미리 그들의 정보를 대중에게 안정적으로 제공하기 위한 방법으로 소셜 미디어에 관심을 갖기 시작했다(Hollander, 2010). 연방준비제도이사회는 공화당의 대선 후보자인 파울(Ron Paul)이나 점거운동(Occupy movement)[4]과 같은 비판에 대응하기 위해 일련의 기자회견, 주민회의, 국립대학 방문 등과 현대 기술을 조합하여 활용하는 시도를 해왔다(Hollander, 2010). 연방준비제도이사회가 소셜 미디어를 발빠르게 활용하는 것은 정부기관이 그들의 임무에 대한 수사적인 측면에 참여해야만 한다는 점을 나타낸다. 다르게 말하면, 정부기관은 반드시 정치적인 메시지나 비판에 대응할 때 사전에 행동해야만 한다는 것이다.

연간 5천 2백 80억 달러의 조달을 책임지는 미국 연방정부의 총무청(The General Services Administration)은 웹사이트 BetterBuy.com을 만들어 시민들이 연방정부의 조달 및 매입 과정에 대한 의견을 게시할 수 있도록 했다. 목표는 참여와 투명성, 협력의 관점에서 시스템을 강화하는 것이다(Brodsky, 2009). 2009년에 소개된 해당 웹사이트는 조달 시스템을 대표하는 세 단계로 나뉘어 있다. 시장조사와 자격 요건, 발주 예정 공고, 발주가 그것이다. 사이트의 관리자는 조달의 사전 계약 단계의 첫 출시[5]에 초점을 맞추었다. 이것은 조달이 웹 채팅과 라이브 비디오 스트리밍(live video streaming)을 통해서도 이루어질 수 있다는 제안의 결과로 나타났다(Brodsky, 2009).

---

4) 뉴욕 월스트리트를 시작으로 전 세계적으로 일어나고 있는 점거운동.

5) 예를 들어, 정부가 입찰 과정에 얼마나 조달하고 지불할 것인지를 어떻게 결정하는지에 대한 것을 말한다.

미국의 311 비응급 콜센터(311 non-emergency call centers)는 현대 사회와 정부가 제한된 예산과 인력을 가지고 사안의 심각성·중대성과 시민의 요구 사항을 분류할 필요성이 나타나면서 유용성 측면에서 확산되어 왔다. 이 과정에서도 소셜 미디어가 많은 역할을 했다(Moody & Carter, 2011). 시민들은 트위터와 페이스북 계정, 아이팟 애플리케이션, 그리고 기타 링크 등 기관이 긴급 채널의 트래픽을 줄이기 위해 설정한 소셜 미디어 사이트를 통해 의견을 내거나 불만을 제기할 수 있다. 유명한 한 기업의 해결책은 'Open311'이었다(Moody & Carter, 2011). Open311은 기관의 CRM(customer relations management: 고객연계관리) 시스템과 통합된 개방형 소프트웨어로서 24시간 통신 및 응답이 가능하다. 이 애플리케이션은 이용자들을 기관의 셀프 서비스 웹사이트나 불만을 표현할 수 있는 채널, 정부 서비스에 대한 피드백을 제공할 수 있는 수단으로 연결시킨다. 보스턴, 샌프란시스코, 뉴욕을 포함한 미국의 많은 도시가 Open311 프로젝트에 참여하고 있다.

제 6 절 소셜 미디어에 대한 우려

여전히 대부분의 시민이 소셜 미디어 계정에 접속하지 못하고 있는 상태이며, 이는 기술적 장치와 최신 전화기 및 컴퓨터를 구비할 능력 또는 이용할 능력이 없기 때문이다. 이러한 '디지털 격차'는 현재 논의에 정면으로 맞선다. 하지만 이런 우려는 소셜 미디어 고유의 문제는 아니며, 지속적으로 증가될 것이다. 많은 시민은 컴퓨터와 전화기에 접속할 수 없다. 또한 많은 다른 사람은 정부에 참여할 의사가 전혀 없다. 다만 다른 것들이 동일하다면, 1970년대 휴대용 계산기처럼 사용이 확대될수록 관련 기술의 비용이 하락한다는 점을 참고할 수 있을 것이다.

우리는 셔키(Shirky, 2011)가 논의한 소셜 미디어에 대한 비판을 생각해 볼 필요가 있다. 민주정부가 민주적 거버넌스를 위해 소셜 미디어를 능숙하게 활용하게 되고 그에 투자할 수 있는 것과 마찬가지로, 독재와 전체주의적인 정부 역시 같은 미디어를 사용할 때 억압의 기술로 통제할 수 있다. 셔키(Clay Shirky)는 그 예로 단체 문자 메시지는 허가를 받도록 하는 이집트 정부의 움직임을 논의하고 있다.

두 번째 비판은 소셜 미디어가 정치 담론과 정치 사회화에 대한 수준 낮은 이해를 부추긴다는 것이다(Shirky, 2010). 트윗이나 블로그의 포스팅 또는 설문에 응하는 것이 정치 참여로 충분하다거나, 이용자가 그 이상을 하지 않아도 된다는 사고를 매체 자체가 권장하고 있다. 즉각적인 의사소통이 가능하게 되면서 문제에 대해 기관이 즉각적으로 대응하고 해결책을 낼 것을 요구하는 목소리도 증가하고 있다. 소셜 미디어상에서 자주 사용되는 언어는 말투나 문법 수준에서 우려가 표명된다. 소셜 미디어가 자기 논리에 도취된 외침으로 기울게 되면, 표현주의(expressivism) 또는 고백주의(confessionalism) 문화를 확장시키게 된다. 떠오르는 어떤 생각이든 게시할 수 있다는 것은, 단지 조잡한 아이디어에 전 세계를 향한 표현의 발표장을 마련해 주는 것과 같을 수 있는 것이다.

그럼에도 불구하고 셔키는 정부가 소셜 미디어에 대한 법률을 제정할 경우 소셜 미디어에서의 의사소통 자유에 대해 고려해야 할 것이며, 그러한 법률이 익명성 및 익명적인 소통에 대한 제한이고 검열이라는 점을 명심할 것을 주장한다.

> 미 정부는 모든 곳에서 발언의 자유, 언론의 자유, 집회의 자유를 증진시킬 수 있도록 좀 더 종합적으로 접근해야 한다. 그리고 정책 과정 진행이 느려질 것임을 이해해야 한다. 미국은 비록 단기간에는 실망스러운 점들을 받아들여야 할지라도, 공공 영역에서 소셜 미디어의 효과에 대해 도구적인 견해에서 환경적인 견해로 변화하는 것만으로도 장기적인 이득을 취할 수 있게 될 것이다(Shirky, 2011).

셔키는 한국이 민주적 자유의 정신에 반해, 이용자들에게 특정 인터넷 서비스에 대해 법적인 이름을 제공하도록 요구한다고 언급한다. 그는 이것이 부분적으로는 소셜 미디어가 2008년 미국 쇠고기 수입 반대 시위의 확산과 영향력을 높인 역할을 한 것에 대한 대응으로서 유발되었다고 주장한다(Shirky, 2011).[6)]

소셜 미디어는 새로운 형식의 정치적 힘을 생성하고 민주주의의 요소를 도입할 가능성을 가지고 있다. 그것은 많은 경우, 다양한 상황에서 비통제성 또는 비예측성으로 인해 역기능을 나타낼 것이다. 그렇지만 "새롭거나" "친숙하지 않은 것"이 아닌 "미지에 대한 두려움(fear of the unknown)" – 저자의 표현에 의하면 – 은 소셜 미디어에만 특정되는 문제는 아니며, 루터(Martin Luther)의 종교개혁의 사례와 같은 견지에서 이해할 수 있다.[7)] 정치적 성

6) 미국 쇠고기 수입에 항의하기 위해 2008년 서울 청계천의 공원에 모인 한국의 십대 소녀 대부분은 한국의 소년 밴드인 동방신기의 웹사이트의 토론 섹션에서 과격화되었다. 동방신기 웹사이트(DESK)는 정치적인 단체가 아니며 시위자들 역시 전형적인 정치행위자가 아니었다. 하지만 해당 온라인 커뮤니티에서 활동하는 800,000여명의 회원이 대화를 통해 정치적인 의견을 형성하는 것이 가능하게 되어 있어 캐츠(Daniel Katz)와 라자르스펠드(Paul F. Lazarsfeld)의 두 단계 과정(Katz & Lazarsfeld's two-step process)을 증폭시켰다(Shirky, 2011).

향이나 정세가 어떠하든, 소셜 미디어를 좋아하든 싫어하든, 소셜 미디어는 여기에 존재하며 만약 지금 없다 하더라도 곧 마주하게 될 것이다. 소셜 미디어는 보통의 소통에 대한 21세기의 기술로 받아들여져야 할 필요가 있다.

제 7 절 활용 정책

미국 회계감사원(General Accounting Office: GAO)의 2011년 보고서에 의하면, 미 연방정부는 페이스북, 트위터, 유튜브 등의 소셜 미디어를 사용하고 있는 거의 모든 주요 기관과 함께 소셜 미디어를 활용하는 데 주력하고 있다. 해당 기관들은 기관 및 기관의 활동에 대한 공식적인 정보를 대중에게 제공하거나 시민들의 의견을 얻고 그에 응답하며, 연관된 중요한 사이트에 이용자를 연결시키기 위해 소셜 미디어를 사용하고 있다.

하지만 미국 회계감사원(GAO)의 연구는 소셜 미디어의 사용 정책을 만드는 데 연방기관이 고려해야 하는 세 가지의 핵심 사항으로서 보안, 개인정보 보호, 기록관리를 제시하고 있다. 만약 이것을 제대로 고려하지 못할 경우, 소셜 미디어의 이점을 잃고 정부의 효율성과 신뢰에 대한 대중의 부정적인 피드백을 생성할 위험이 있다. 하지만 대부분의 기관은 이러한 우려에 대해서 일관된 정책을 개발하지 않았거나 구현조차 않고 있다(General Accounting Office, 2011).

정부는 다음 유형의 문제들을 고려하는 것이 필요하다. 우선, 어떻게 소셜 미디어 접근 기록을 보관하고 목록화하며 차후의 사용을 위해 어떤 방식으로 정리해 둘 것인지에 대한 것이다. 또한 기관은 정부 보고 및 요구 사항 보관의 측면에서 기록을 어떻게 걸러낼 것인가, 어떻게 민감한 개인정보를 보호하면서 이를 수집, 삭제, 사용할 것인가, 어떻게 기관의 웹사이트와 시스템을 침입 및 사이버 테러(정부 고위관부 등과 같은 특정인을 대상으로 개인정보를 캐내기 위한 스피어피싱, 피싱을 통해 보안 절차를 깨트리기 위한 비기술적 침입 수단인 사회공학, 웹 응용 프로그램 공격)로부터 보호할 것인가에 대해서도 고려해야 한다. 이는 소셜 미디어를 출범시키기 전에 위험도 평가(risk assessments)를 실시해야 함을 의미한다(Hrdinová & Helbig, 2011).

7) 역주: 루터의 종교개혁은 미지의 두려움을 주는 것 같았지만, 구교인 로마 가톨릭 교회로부터 신교인 프로테스탄트가 나왔으므로 그리 새롭거나 어색한 것이 아니었다. 결국 루터의 종교개혁은 종교의 본질로 돌아가려는 시도이므로 그렇게 문제가 되지 않았다.

둘째로, 흐르디노바와 헬빅(Hrdinová & Helbig, 2011)이 언급한 것처럼 정부는 업무 시간에 직원들이 소셜 미디어를 사용하는 것과 관련하여 소셜 미디어의 사용 정책을 설정하는 문제에 대해 고려하기 시작해야 한다. 소셜 미디어를 공공의 목적을 위해 사용하는지 또는 기관의 목적을 위해 사용하는지, 직업과 관련된 목적을 위해 사용하는지, 개인적인 목적을 위해 사용하는지와 같은 부분을 어떻게 합법적으로 구분할 것인지에 대해 즉각적으로 판단하기는 쉽지 않다. 하지만 그러한 분류는 정부의 소셜 미디어에 대한 행정적인 이용의 경계를 설정하고 정부기관이 요구하는 소셜 미디어의 기능을 설정하기 위해 성문화(成文化)되어야 한다.

흐르디노바(Jana Hrdinová)와 헬빅(Natalie Helbig)은 정부의 올바른 소셜 미디어 사용을 위해 소셜 미디어 사용 정책의 여덟 가지 기준을 제시하고 있다(Hrdinová & Helbig, 2011).

1. 직원의 접속 – 소셜 미디어 사이트에 접속하는 것을 허용할 직원의 범위와 접속 권한을 얻는 과정에 대한 기준
2. 계정관리 – 소셜 미디어 계정의 생성, 유지 보수, 삭제에 관한 절차들
3. 허용 가능한 사용 – 직원이 직장에 있는 동안 소셜 미디어 도구를 어떻게 사용하길 기대하는지에 대한 가이드라인(사용 시간, 사용 목적, 장비의 종류 등과 같은 문제를 포함)
4. 직원 행동 지침 – 소셜 미디어에서 기대되는 행동, 위반 사항에 대한 처벌
5. 콘텐츠 – 공식기관의 소셜 미디어 페이지에 게시하는 콘텐츠의 생성과 편집 요구 사항 등을 포함한 게시 절차
6. 보안 – 정부 데이터와 인프라 보호를 위한 보안 절차
7. 법적 문제 – 소셜 미디어의 사용에 대한 법적인 고려와 요구 사항
8. 시민 행동 – 정부기관의 소셜 미디어 사이트에 시민이 제작한 콘텐츠의 관리

이 여덟 가지의 사용정책 기준과 소셜 미디어 사용의 다양한 양상은 정부기관이 "메시징을 지속하기(stay on message)" 위한 것이며, 이는 정부가 의도한 것을 대중과 함께 효과적으로 소통하고 유지하기 위해 하는 것이다.

예를 들어, 직원이나 공공 이용자를 위해 사이트의 관리자에게 인신 공격, 음란물, 불법 행위와 같은 소셜 미디어의 남용과 관련한 사용 정책을 명확히 알려주는 것이 중요하다. 둘째로, 법적인 관점에서 면책통지(免責通知, disclaimer notices)를 명확하게 해놓아야만 '비정부기관이지만 전문적'으로 소셜 미디어를 개인적으로 사용하는 것과 '공식적인' 기관의 진술이 구분될 것이다. 기관 콘텐츠는 공식적인 게시물을 만드는 과정과 어떻게 이것이 승인되는지에 대한 측면에서 신중하게 기술되어야만 한다. 소셜 미디어는 즉각적이고 무료의

통신 수단이란 점이 특징적이지만, 대중-공식정부의 관계 설정에서는 기관의 공식 임무와 목표뿐만 아니라 대중의 신뢰와 공공의 이익이 반영되도록 고려하여 채널을 사용하는 것이 중요하다.

카바나(Kavanagh, 2010)는 미국 연방정부의 직원들에 대해 소셜 미디어와 인터넷 사용을 규제하는 해치법(the Hatch Act)[8]과 관련된 공식 지침을 제시하고 있다. 해치법은 규제 정도의 차원에서 덜 규제받는 직원(less restricted employees: LRE)과 더 규제받는 직원(further restricted employees: FRE)을 구분하고 있다. FRE는 소통에서 위험 요소가 있는 민감한 직위나 업무에 해당하는 경우에 해당된다. 다음의 지침 요약을 통해 알 수 있는 것은 정부기관을 선거단체나 정당, 이익단체와 구분짓지 않고자 한다는 것이다(Kavanagh, 2010).

- LRE 직원들은 블로그를 할 수 있지만, 근무 시간이나 직장에서는 할 수 없다. 그들은 공식 직함을 드러내거나 그들의 활동에서 연방 직원의 신분을 사용해서는 안 된다.
- 블로거는 블로그 독자에게 정당, 정당선거, 정치집단에 기부하도록 제안하거나 부탁해서는 안 되며, 그러한 기관들의 웹사이트 기부 페이지로 연결되는 주소를 게재해서는 안 된다.
- 소셜 미디어 사이트에서 부하 직원들과 '친구'인 연방 직원의 경우, 그 상관 직원의 발언이 부하 직원 또는 부하 직원을 포함한 특정 그룹에 직접적으로 전달되지 않았더라도 소셜 미디어상의 '친구'들 모두에게 전달되었다면 정치적 활동으로 관련지을 수 있다.
- FRE 외의 연방 직원은 소셜 미디어 페이지에 정치적 웹사이트의 링크를 게재할 수 있지만, 정치단체의 기부 페이지로 직접적으로 연결되지 않아야 하고 모든 규제를 준수해야만 한다.
- FRE 직원들은 그의 "친구", "좋아요", "관심사", "페이지(정치적 단체의 페이지로 연결되는 링크를 제공)" 목록을 오직 FRE 직원들에게만 보이도록 개인 설정을 조정한 경우에만 "팬"이나 "친구"가 될 수 있다.

연방 직원은 정치단체를 옹호하거나 혹은 비판하기 위해 그들의 공식 자격으로 소셜 미디어나 트위터 페이지를 생성해서는 안 된다. 정부기관 및 직원은 정당과 연관되어 있다는 것을 어떤 경우로든 드러내지 않도록 하는 것이 중요하다.

---

8) 연방 공무원 정치활동 금지법(http://www.osc.gov/hatchact. htm#).

제 8 절 지방정부에 대한 도전

연방과 단일 국가, 많은 지방정부, 특히 농어촌 지역과 세금이 적은 지역의 재정 현실은 소셜 미디어의 시대에 적응하는 데 더 커다란 어려움으로 작용하고 있다. 소셜 미디어에 대한 상대적인 디지털 격차에는 두 가지 측면이 있다. 하나는 일반적으로 잘 알려진, 세계의 많은 시민이 기술적 장치를 할 경제적 여유가 없다는 측면이다. 또 다른 하나는, 세계는 자원이 풍부한 정부와 그렇지 못한 정부로 나뉘는데, 일반적으로 정부는 사회 불평등 해소를 위해 공공재를 제공해야 하기 때문에 자원이 부족한 정부들은 소셜 미디어의 발전 분야에 대해 적합한 투자를 할 여력이 없다는 것이다.

마그로(Magro, 2012)는 소셜 미디어와 전자정부가 가진 잠재력을 충분히 활용하기 위해서 소셜 미디어와 전자정부가 공공성과 투명성이라는 목표에 기여해야 한다고 주장한다. 이는 소셜 미디어의 효력을 얻기 위해 더 많은 시간과 인력자원을 포함한 자원을 투자해야 한다는 것을 의미한다. 그러나 지방정부는 이와 같은 조언을 따르기 위해 필요한 재정적 능력이 부족하다는 어려움이 있다.

비록 미국과 같은 선진국이라 할지라도, 샤크(Shark, 2010)가 언급한 것과 같이, 지방정부는 소셜 미디어를 "좇아가지 못하고 있는(behind the curve)" 상태에 있다. 그러나 지방정부는 주민들의 요구를 충족시키고 공공정보를 제공하기 위해 소셜 미디어에 대한 수요가 어느 때보다도 크다는 역설적인 상황에 직면해 있다. 2010년 공공기술협회(Public Technology Institute)와 미국 도시 및 자치주(American City and County)가 실시한 '미국 도시 및 자치주(American City and County) 공무원 조사'에 따르면, 70% 이상의 공무원이 웹 2.0 애플리케이션 사용에 대한 측정지표를 개발하지 않았으며, 이는 관리에 대한 관심이 부족하고 전문인력이 부족하기 때문인 것으로 나타났다.

샤크(Alan Shark)가 말했듯이, 이는 지방정부에서 소셜 미디어의 가치가 나타날 수 있는 기회를 잃어가고 있는 것으로 볼 수 있다. 넓게는 연방정부와 주정부가 규모의 경제를 생성하기 위해 지방정부에 직접적으로 투자해야 하며 소셜 미디어와 같은 웹 응용 프로그램 관리를 위한 협력이 필요하다는 것을 시사한다. 정부간 계약과 수평적 연방주의는 관할지역을 넘어 부족한 공공기금에서도 더 많은 것을 얻을 수 있도록 진화할 필요가 있다.

샤크(Shark, 2010)가 논의한대로, 지역 주민들은 안전과 보안문제 등과 같은 정보를 제공하는데 지방정부에 좋은 파트너가 될 수 있다. 지방 공무원들은 소셜 미디어와 데이터 흐름 분석에 투자하여 가치 있는 정보를 획득하고 공공문제의 경향을 확인할 수 있다. 샤크는 지역 차원에서 소셜 미디어를 시작하기 위한 다섯 가지 조언을 제시하고 있다(Shark, 2010).

1. 소통의 목적과 바라는 결과를 정하라.
2. 온라인과 오프라인에서의 활동을 구분하여 성과 측정하는 것에서 벗어나라.
3. 지역의 상황에 맞게 노출, 참여, 영향, 행동을 측정하라.
4. 새로운 팔로어와 "좋아요" 수, 게시물에 달리는 댓글 정도를 관찰하는 것을 포함하여 영향력과 가치를 측정하는 것에 초점을 맞춰라.
5. 시민관계 관리 시스템과 분석 서비스에 대한 투자를 통해 시민 참여를 증가시키는 데 초점을 맞춰라.

제 9 절 신뢰에 대한 의견

전 세계적으로 정부에 대한 신뢰가 약해지고 있는데, 이는 경제 침체와 지역 및 글로벌 갈등 때문일 것으로 추측할 수 있다(DeGroote, 2012). 정부는 이러한 상황에서 편리한 희생양이며, 미국을 포함하여 많은 국가의 시민들은 정부에 대해 부정적인 의견으로 일관하면서 투표에 불참하는 것에 오히려 만족하는 기이한 양태를 보이기도 한다.

소셜 미디어와 정부 신뢰에 관한 자료가 보여주듯이, 새로운 매체인 소셜 미디어에 대한 신뢰는 증가하고 있으나 이러한 경향이 정부에 대한 신뢰 증가로는 이어지지 않고 있다. 에델만 신뢰도 지표조사(The Edelman Trust)는 매년 정부와 미디어를 포함한 사회의 각 기관에 대한 신뢰를 조사하고 있다. 이 조사에 의하면, 소셜 미디어에 대한 전반적인 신뢰 수준은 낮지만, 지난해 8%였던 신뢰 수준이 1.75배 상승하여 현재는 14%가 된 것으로 나타났다(DeGroote, 2012). 한편, 미국 정부를 포함한 정부에 대한 신뢰는 감소해 왔다.

이런 데이터에서도 알 수 있듯 소셜 미디어가 정부 신뢰 수준에 대변혁을 일으키지는 않을 것이며 이는 당연한 일이다. 소셜 미디어는 많은 이점을 가지고 있고 민주주의와 민주적인 정부에 적합하긴 하지만, 의사소통 매체로서 유일한 것은 아니다. 소셜 미디어는 관료적인 권위주의나 검열에 의한 잠재적 포섭, 악용 가능성뿐만 아니라, 모든 의사소통이 갖는 윤리적 문제(예로 소셜 미디어는 선동이나 정보를 위해 사용될 수 있으며, 편견으로부터 자유로운 매체가 아니다)를 피할 수 없다. 소셜 미디어는 정부 및 공공기관, 그리고 시민 간 의사소통의 보완적인 수단인 것이지, 정부와 거버넌스의 방해 요소에 대한 만병통치약으로 여겨져서는 안 된다. 소셜 미디어는 신뢰를 증진시키기 위해 효과적으로 활용될 수 있지만, 신뢰 수준은 경제 상황, 국가 보안, 지역의 삶의 질 등에 대한 인식과 공공문제에 따라 달라질 것이다.

제10절 결론: 한국에 대한 제언

한국은 인터넷 보급이 94%에 이르고 있는 발전된 나라인 것을 고려해 볼 때, 소셜 미디어를 투명성과 민주주의 향상을 위한 도구로 발전시키기에 충분한 기반을 갖추고 있다고 할 수 있다. 한국은 거의 모든 국민이 글을 읽고 쓸 수 있고, 기술이 발전되어 있는 나라이기 때문에 (소셜 미디어에 대한) 대중의 사용, 보편적 접근, 유용성, 접근성 및 기능성과 같은 핵심적인 부분을 더 쉽게 달성할 수 있을 것이다. 한편, 몇몇 연구는 아시아권 정부들이 소셜 미디어에 상대적으로 낮은 수준의 투자를 하고 있으며, 여전히 많은 정부에서 소셜 미디어 관련 정책이 부족하다는 것을 보여준다(Magro, 2012).

이 논의에 기초하여, 소셜 미디어에 대해 공공기관과 행정학자들이 제시한 몇 가지 고려사항을 살펴볼 수 있다.

- 익명으로는 등록이 불가능하게 하여 이용자들의 신원을 확인할 수 있도록 하거나 검열을 하고자 하는 유혹을 피하라.
- 지방과 농어촌 지역에서 소셜 미디어 사용이 발전할 수 있도록 투자를 보조하라. 한국과 같은 단일 정부의 경우, 중앙정부를 통해 규모의 경제와 모방을 이루어 소셜 미디어 사용의 좋은 사례가 될 수 있다.
- 진보적인 토론을 하거나 문제를 명확히 하고, 시민들의 우려에 대해 기관이 응답하는 소셜 미디어 구조를 만들기 위해 사용 측정 기능과 직원의 전문성을 개발하는 것에 중점을 두라.
- 공무원의 소셜 미디어 사용이 공식적/전문적/개인적 사용인지에 대해 구분하는 것뿐만 아니라, 주소 보안, 개인정보 보호, 기록 관리 등에 관한 소셜 미디어 정책을 개발하라.

- 정부기관은 공무원이 공식적이고 전문적인 목적으로 소셜 미디어를 이용하는 경우, 당파적인 부분과의 연결되지 않도록 하는 것이 중요하다.
- 소셜 미디어의 시작점으로서 한국 지방자치 체제의 증진을 고려하고 우선시하라.

소셜 미디어가 미국의 민주주의와 신뢰의 향상에 대한 가능성을 만들어 내고 있는 것과 동시에, 민주주의는 정부, 지역주의에 대한 회의주의, 정부행위에 대해 부정적인 대중의 견해에 직면하고 있다. 한국은 이와 같은 미국의 경험으로부터 한국 고유의 소셜 미디어 사용을 개선할 수 있는 방안을 모색해야 할 것이다.

제 4 장 일본 정부기관에 의한 정부홍보 활동에서 소셜 미디어의 이용: 현재 상태와 미래 조망

제1절 일본 국가부처, 국가기관 그리고 지방정부의 소셜 미디어를 이용한 정부홍보 활동
제2절 정부홍보에서 소셜 미디어 이용의 장점
제3절 정부홍보에서 소셜 미디어 이용의 단점
제4절 소셜 미디어를 통한 정부홍보 활동의 신뢰성을 높이기 위한 거버넌스
제5절 결론

제 4 장 일본 정부기관에 의한 정부홍보 활동에서 소셜 미디어의 이용: 현재 상태와 미래 조망

제 1 절 일본 국가부처, 국가기관 그리고 지방정부의 소셜 미디어를 이용한 정부홍보 활동[1]

일본 국가행정기관(이하 “부처 및 기관”이라 한다)의 소셜 미디어 이용은 2011년 3월 11일 동일본 대지진이 발생한 이후 빠른 속도로 퍼졌다. 이 글에서 사용된 용어 ‘소셜 미디어(social media)’는 인터넷을 통한 정보의 보급 및 공유를 위해 구비된 웹 기반의 서비스들을 통칭한 것이다.

소셜 미디어의 활용이 확대된 주된 이유는, 소셜 미디어가 정부의 정보 제공 수단으로서 효과적이라는 객관적 평가가 있기 때문이다. 이러한 인식은 동일본 대지진이 발생한 당시, 시민들에게 정보를 제공하는 수단으로서 트위터(twitter)가 없어서는 안 될 중요한 역할을 하게 되는 계기가 되었다.

또 다른 이유는, 재해 이후 부처 및 기관의 정부홍보에 대한 인식이 현저하게 변화한 데에 있다. 특히, 수동적인 방향에서 적극적인 방향으로 전환되었다.

---

* 기타무라 미치오(Kitamura Michio): 홋카이도대학교 국제홍보미디어 관광대학원, 미디어・커뮤니케이션연구원 교수.

1) 역주: 이 글에서 저자가 public relations activities, public relations, governmental public relations activities라고 표현하고 있는 것은 정부홍보 또는 정부홍보 활동으로 번역한다. 한편 the Cabinet Public Relations Office와 the Public Relations Office은 일본에서 사용하고 있는 원래의 용어를 빌려 각각 ‘내각홍보실(内閣広報室)’과 ‘정부홍보실(政府広報室)’(내각부대신관방 정부홍보실(内閣府大臣官房政府広報室))을 줄여 표현함)로 번역했다.

2012년 7월 경 16개 부처 및 기관을 대상으로 조사한 결과, 13개(81%)의 부처 및 기관에서 소셜 미디어를 공식적인 용도로 만들어 사용하고 있는 것으로 나타났다.

일본의 정부홍보에 대한 정보를 다루는 정부기관으로는 내각에 설치된 내각홍보실(the Cabinet Public Relations Office)과 정부홍보실(the Public Relations Office in the Cabinet Office)이 있다.

내각홍보실은 총리실에 두 개의 트위터 계정(그 중 하나는 재난정보에 대한 트위터 계정)과 공식적인 "총리 노다의 블로그", 그리고 총리실의 페이스북(Facebook) 계정을 개설했다. 공식적인 총리의 블로그는, 예를 들어 노다 요시히코(野田佳彦) 총리 내각의 국정 방향 및 정책 이슈에 대한 접근과 함께 주요 정책들을 일반 대중이 이해하기 쉬운 언어로 묘사하는 데 전념하고 있다.

표 4-1 일본 부처 및 기관들의 소셜 미디어 이용 현황(2012년 7월)

부처 및 기관		트위터 계정 수	페이스북 계정 수
1	내각(The Cabinet)	2	1
2	내각관방(Cabinet Secretariat)	2	0
3	내각 법제국(Cabinet Legislation bureau)	0	0
4	인사원(National Personnel Authority)	1	0
5	내각실(Cabinet Office)	4	2
6	총무성(Ministry of Internal Affairs and Communications)	3	1
7	법무성(Ministry of Justice)	0	0
8	외무성(Ministry of Foreign Affairs)	4	1
9	재무성(Ministry of Finance)	4	2
10	문부과학성(Ministry of Education, Culture, Sports, Science and Technology)	3	1
11	농림수산성(The Ministry of Agriculture, Forestry and Fisheries)	1	1
12	경제산업성(Ministry of Economy, Trade and Industry)	8	1
13	후생노동성(Ministry of Health, labour and Welfare)	1	0
14	국토교통성(Ministry of Land, Infrastructure, Transport and Tourism)	4	1
15	환경성(Ministry of the Environment)	0	0
16	방위성(Ministry of Defense)	2	3
	총계(개)	39	14

한편, 정부홍보실은 정부홍보에 대한 정보를 온라인을 통해 제공하기 위해 트위터 계정과 페이스북 계정을 내각부로부터 개설했다. 각 사이트에서는 정부홍보실의 공식적인 웹사이트 페이지에 나타난 내용들의 업데이트 정보와 이슈들에 대한 정보를 시민의 관점에서 간단한 언어로 표현하여 제공한다.

다음은 위에서 언급한 일본 부처 및 기관들의 소셜 미디어 이용의 특징으로 볼 수 있는 것들이다.

1 시민에게 정책에 대한 정보를 제공하는 수단으로 이용

부처 및 기관이 소셜 미디어를 이용하는 주요 목적은 정책에 대한 정확한 정보를 시민들에게 제공하는 것이다. 예를 들어 총리실의 재난정보 트위터 계정의 경우, 정부의 재난 관련 활동에 대한 정보를 제공한다. 마찬가지로, 내각부가 정부홍보 정보를 온라인으로 제공하기 위해 만든 트위터 계정은 정부홍보실 공식 홈페이지에서 업데이트된 내용을 중심으로 정보를 제공하고 있다.

2 시민과의 제한적 쌍방향 소통

일반적으로, 정부부처나 기관들의 트위터와 페이스북은 시민들로부터의 메시지에 응답하기 위해 사용되는 것이 아니다. 대신 부처 및 기관은 공식 웹사이트에서 “고객 문의” 기능을 통해 시민의 의견에 대해 응답할 수 있다.

3 공식 웹사이트로의 연계에 대한 강조

부처 및 기관들은 정책에 대한 정보 제공의 중심 통로(hub)로서, 각기 자신의 웹 사이트를 가지고 있다. 소셜 미디어는 이러한 웹 사이트들과 시민들을 연계하는 수단으로 자리하고 있다. 한편, 재해 또는 기타 긴급한 상황 발생 시 소셜 미디어는 정보를 빠르게 전달할 수 있는 핵심적인 정보 제공 수단으로 활용될 수 있다.

제 2 절 정부홍보에서 소셜 미디어 이용의 장점

다음은 정보 제공 및 정부홍보를 위해 소셜 미디어를 이용할 경우, 정보 수용자로서 시민과 정보 제공자로서 부처 및 기관이 가질 수 있는 이점이다.

1 시민 관점에서 본 장점

1) 정부부처 및 기관의 정책과 활동에 대해 요구한 정보의 빠른 획득

시민들은 문제의 부처 및 기관들의 웹 사이트에 접속하는 경우보다 소셜 미디어를 통해 좀 더 빠르게 정보를 얻을 수 있다. 특히 지진이나 기타 대규모 재난이 발생한 경우, 소셜 미디어를 통해 거의 실시간으로 정부로부터 재난정보를 획득할 수 있다. 소셜 미디어는 그러한 경우에 가장 신뢰할 만한 정보원(情報源) 중 하나이며, 시민들의 결정과 행동에 중요한 도움을 준다.

2) 다른 사람의 반응과 의견을 학습

시민들은 페이스북과 트위터 계정에 접속하여, "좋아요!"로 선택된 숫자와 게시물의 댓글을 읽음으로써 다른 방문자들의 반응을 볼 수 있다. 그렇기 때문에 시민들은 주제에 관한 다른 사람들의 의견과 생각에서 좋은 아이디어를 얻을 수 있다. 기존의 웹 사이트에서 "고객 문의" 기능을 이용하여 메시지를 전달하는 방식은 다른 방문객의 메시지가 공개되지 않기 때문에 의견을 조망하기 어렵다.

3) 언제 어디서나 가능한 편리한 접속

소셜 미디어에 접속하기 위해 활용되는 하드웨어의 주요 유형은 스마트폰, 휴대 전화 및 기타 모바일 장비 등이다. 이것은 시민들로 하여금 시간과 장소에 구애받지 않고 미디어에 접속할 수 있게 해 준다.

2 정부부처 및 기관 관점에서 본 장점

1) 기존 미디어의 보완과 중요한 정보의 신속하고 광범위한 보급

소셜 미디어는 업데이트 정보를 적시에 공지할 수 있게 하고, 입소문에 의해 정보를 전파시키는 큰 힘을 가지고 있다. 따라서 부처 및 기관들은 거의 즉각적으로 수많은 시민에게 중요한 정보를 전달할 수 있게 된다. 특히 주목할 점은, 트위터의 순환(RT) 기능이 재난이 일어날 때마다 많은 시민에게 빠른 정보를 뛰어난 효과로 매순간 전달했다는 것이다. 이 장점은 동일본 대지진 이후 증명되었다.

2) 시민들의 사고와 의견의 가시성

소셜 미디어는 또한 시민들의 전망과 견해를 부처 및 기관들에 보여준다. 이것은 소셜 미디어가 공청회(public hearing) 기능을 하게 하는 효과적인 도구라고 말할 수 있다. 예를 들어 트위터의 경우, 재난 발생 시 시민들이 염려하는 것들에 대해 분명하게 해줄 수 있다. 페이스북의 경우 "좋아요!"의 선택 수는 시민들이 공감을 느끼면서 견해에 대한 이해를 하도록 돕는다.

3) 정부와 시민 간 소통의 거리를 좁힐 수 있는 능력

정부가 소셜 미디어를 이용할 때, 부처 및 기관은 시민들에 의한 어떤 의견에도 답글을 제공하지 않는 것을 원칙으로 하고 있다. 그러나 총리와 다른 장관의 블로그와 페이스북, 트위터 계정은 그들의 개인적인 견해를 표현하고 있다. 이러한 양태는 시민과 정부의 수장들 간 소통의 거리가 좁혀지며, 서로에게 더욱 가까이 다가갈 수 있을 것으로 기대된다.

제 3 절 정부홍보에서 소셜 미디어 이용의 단점

위에서 언급한 대로, 소셜 미디어의 이용은 시민과 정부 양측에 모두 많은 장점을 지니고 있지만, 다음과 같은 특정한 단점 또한 존재한다.

1 시민 관점에서 본 단점

1) 정부기관을 사칭한 잘못된 정보 유도

동일본 대지진의 여파로, 타인이나 다른 단체를 사칭하는 사람들에 의해 엄청난 양의 잘못된 정보가 트위터 순환(RT) 기능을 통해 많은 사람에게 제공되었다. 많은 경우 사칭범은 부처, 기관, 지방자치단체의 권한을 불법적으로 사용했다. 그들은 후생노동성으로부터 온 것처럼 하거나 또는 공무원으로부터 전달받은 것처럼 하여 잘못된 정보를 제시했다.

*** 동일본 대지진 이후 사칭에 의해 잘못 전달된 RT 정보의 예**

- 여러분이 아는 사람에게 이 메시지를 전달해 주세요.

이것은 후생노동성으로부터의 공지입니다. RT@MHKWitter: 지바현(千葉縣) 코스모 오일(Cosmo Oil) 정유공장에서의 폭발의 결과로, 유해물질이 구름에 분사되었으며 비가 되어 지면으로 내릴 수 있습니다. 외출 시에는 우비를 착용하시고 피부가 젖지 않도록 유의하십시오.

2) 소셜 미디어의 이용에 따른 디지털 격차의 출현

시민들 사이에는 커다란 디지털 격차가 존재한다. 이것은 정보 획득의 양과 속도 면에서, 소셜 미디어를 익숙하게 이용하고 있는 사람과 그렇지 못한 사람들 간에 상당한 격차를 유발한다. 사실, 동일본 대지진의 경우 해당 지역의 많은 수의 사람이 소셜 미디어를 어떻게 사용하는지 알지 못하는 연령대였으며, 이것은 정보와 삶의 방식 면에서 소셜 미디어에 익숙한 사람들과의 큰 차이를 가져왔다.

3) 과도한 정보 유포에 따른 이용자들 사이의 혼란

위에서 언급한 바와 같이, 정부부처 및 기관이 빠른 속도로 트위터, 페이스북, 블로그, 유튜브를 통해 정책에 대한 정보 제공을 확대하고 있다. 하지만 이용자로서 시민의 관점에서 본 것처럼 이 상황은 다소의 혼란을 야기할 수 있다. 예를 들어, 많은 사람은 어떤 매체를 사용해야 하는지에 대한 확신이나 매체에 따른 정보 제공의 차이점을 인지하지 못하고 있다.

2 정부 관점에서 본 단점

1) 동등한 정보 제공의 제한

소셜 미디어 이용자의 수가 급격하게 증가하고 있음에도 불구하고, 이용자들은 주로 인터넷 세대의 구성원, 즉, '얼리 어답터(early adopters)'이다. 하지만 부처 및 기관의 정보 제공의 수신자 집단의 경계가 '얼리 어답터'에 국한되어서는 안 되며, 시민의 모든 계층을 포괄할 수 있어야 한다. 현재 부처 및 기관에서 소셜 미디어를 사용하는 것은 결과적으로 모든 국민에게 동등한 정보를 제공하는 것에 대한 한계를 지니고 있다는 것이다.

2) 부적절하거나 잘못된 정보 제공으로 인한 문제의 위험성

부처 및 기관의 직원이 자신들 개인의 트위터나 다른 소셜 미디어 계정에 정보를 제공하는 것은 공무원으로서 부적절한 발언이 되거나 오해를 불러올 수 있기 때문에 문제의 소지를 가지고 있다. 더 나아가, 이런 식으로 제공된 정보를 오인할 경우 추가적인 문제의 위험이 존재하는데, 왜냐하면 소셜 미디어에 게재한 내용은 수정이나 삭제를 하는 것이 어렵기 때문이다. 실제로 일부 지방자치단체에서는 관계자에 의한 부적절한 진술이 일으킨 파장 때문에 해당 지방자치단체의 소셜 미디어 계정을 닫아야 한다는 압박이 가해졌다.

3) 무료 서비스에 근거한 정보 시스템의 취약점

소셜 미디어는 민간기업에서 제공하는 무료 매체 수단이다. 그 때문에 정보 시스템 전반의 신뢰성과 보안에 대한 문제가 발생할 확률이 높다. 그러한 문제는 혼잡으로 인해 사이트에 접속할 수 없거나, 사전 경고 없이 서비스가 불가하거나, 자주 시스템이 다운되는 일을 야기할 수 있다. 소셜 미디어는 부처 및 기관의 정보 제공 시에 기본적인 원칙인 지속 가능성과 연속성의 측면에서 취약하다고 말할 수 있다.

4) 소셜 미디어에 의해 다뤄지는 정보들에 대한 문서관리의 어려움

이것은 현재 일본에서 그렇게 큰 문제는 아니지만, 소셜 미디어를 통해 제공되는 정보에 대한 문서관리 측면에서 미래에 어려움이 생길 것으로 예상된다. 소셜 미디어 이용이 발전되어 있는 미국의 경우, 일부에서 연방정부 수준의 정부기관이 소셜 미디어를 이용하는 것과 연계된 문제점을 지적했다. 이는 연방정부에 미 정부기관(Government Accountability Office: GAO)으로부터 부과된 기록을 만들고 보존해야 하는 의무 때문이다. 소셜 미디어 수단을 통해 제공된 정보에 대한 기록 준비와 보존의 범위, 그리고 책임 소재에 대한 명확한 기준이 존재하지 않는다. 이 경우 법률 개정과 같은 행동의 필요성을 역설할 수 있다. 마찬가지로 일본에서도 부처나 기관이 소셜 미디어를 통해 제공하는 정보에 대해 어느 수준까지 공식 문서로 관리할 의무가 있는가에 대한 문제가 표면화되고 있다.

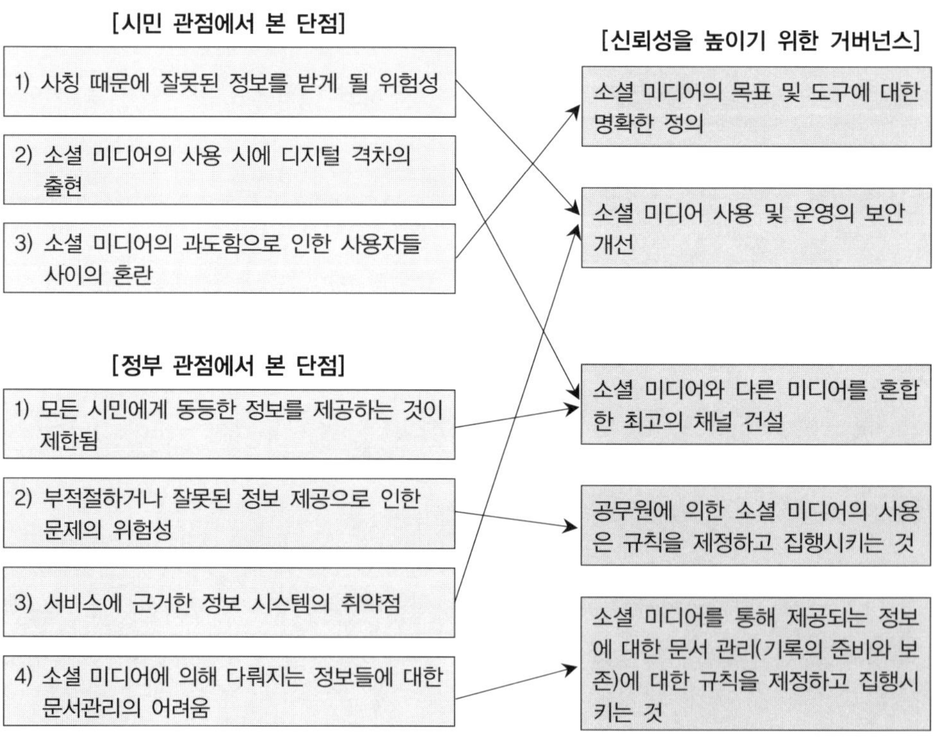

그림 4-1 소셜 미디어를 통한 정부홍보 활동의 신뢰성을 증진시키는 거버넌스

제 4 절 소셜 미디어를 통한 정부홍보 활동의 신뢰성을 높이기 위한 거버넌스

위에서 설명한 바와 같이, 부처 및 기관에 의한 소셜 미디어의 이용은 아직 초기 단계에 있다. 많은 단점이 언급되었음에도, 소셜 미디어의 이용을 확장하는 것이 시민과 소통할 수 있는 새로운 수단의 발전을 위해 바람직하다고 믿는다.

부처 및 기관에 의한 소셜 미디어의 이용을 확대해야 한다는 관점에서 소셜 미디어 이용의 신뢰성을 증진시키기 위한 거버넌스 방식과 앞서 언급한 소셜 미디어 이용의 단점을 비교해 그려보았다. 앞의 [그림 4-1]은 이러한 비교의 결과를 보여준다.

1 소셜 미디어의 목표 및 도구에 대한 명확한 정의

정부의 소셜 미디어 활용에서 이용자 간 혼란을 없애기 위해 부처 및 기관은 그들의 목적과 최적의 수단을 분명하게 정의해야만 한다.

다음과 같은 다섯 가지 항목은 소셜 미디어를 사용한 정부홍보 활동의 미래 목표로 활용될 수 있을 것이다.

a) 정보를 다시 게재할 경우에는 모든 시민을 대상으로 부처 · 기관 웹사이트에 공지할 것
b) 부처 · 기관의 웹사이트가 업데이트를 할 경우에 헤드라인으로 나타내 줄 것
c) 부처 · 기관의 웹사이트에 나타나지 않은 정보의 게재
d) 시민으로부터 의견 수렴
e) 시민으로부터 수집한 의견에 댓글 게시

이와 같은 다섯 가지 목표 중, a) 목표 달성에 가장 적합한 것은 페이스북과 유튜브이다. b) 목표 달성을 위한 것 또한 페이스북과 유튜브이다. 트위터는 c) 목표를 위한 것이다. 소셜 미디어는 현재 일본 정부부처 및 기관들에서 d)와 e) 목적으로 사용되고 있지 않다. 하지만 이러한 목표들을 위한 사용 가능성에 대해서는 연구할 가치가 있다.

2 소셜 미디어 이용 및 운영의 보안 개선

소셜 미디어에 대한 가장 큰 우려는 타인의 명의를 사칭하여 잘못된 정보를 트위터를 통해 순환(RT)시키는 것이다. 이러한 일이 일어나는 것을 방지하기 위해, 시민들에게 정부부처 및 기관들의 공식적인 트위터 계정에 대한 정확한 정보를 제공하는 것이 매우 중요하다. 일본에서 부처, 기관, 지방 자치단체들은 "트위-나비(Twi-navi)"라고 불리는 공식적인 트위터 탐색기를 설치하여 인증된 트위터 계정을 얻을 수 있다. 또한 경제산업성(METI) 장관은 트위터 계정을 운영하는 공공기관의 목록을 제시한다. 이 목록을 통해, 이용자들은 정보가 공식 계정에서 온 것인지 여부를 확인할 수 있다. 이후 페이스북이나 다른 소셜 미디어에 그러한 조치를 확장시키는 것이 중요하다.

3 소셜 미디어와 다른 미디어를 혼합한 최고의 채널 구축

정부홍보 활동을 위한 소셜 미디어의 이용 시에 정보 수용자의 대상이 얼리 어답터들에게 편향되는 경향은 분명히 존재한다. 더군다나 이용자들의 계층은 서비스(페이스북, 트위터 등 중)에 따라 다르다. 소셜 미디어를 익숙하게 이용하고 있는 시민과 완벽히 생소한 시민들 간에는 역시 커다란 디지털 격차가 생기게 된다.

따라서 다양한 시민 계층에 대해 부처 및 기관의 정보를 동일하게 전달하려면 웹 사이트, 소셜 미디어 및 매스 미디어를 포함한 채널들의 '최고 조합'을 만들어 내는 것이 필요하다. 예를 들어 대규모의 재난이 일어난 경우, 당국은 재난 정보를 동시에 보급하기 위해 TV, 라디오, 인터넷으로 구성된 최고의 혼합 채널을 필요로 할 것이다. 그 채널에서는 정부의 공식 웹 사이트에 게재하기 위한 트위터의 정보를 자동적으로 수집하고, 중요한 내용이 게재된 공식 웹 사이트로 시민들을 유도하기 위해 페이스북과 트위터로 메시지를 전달하는 역할을 수행할 것이다.

4 공무원에 의한 소셜 미디어의 이용은 규칙을 제정하고 집행하는 것

부처 및 기관의 직원은 점차 트위터와 페이스 북에 자신의 계정을 개설하고, 이를 통해 의견을 개진하고 있다. 그 과정에서 특히 공무원의 경우 부적절하거나 오해를 불러오는 발언으로 인해 생기는 문제에 대한 위험성이 증가될 것으로 보인다. 결과적으로 부처 및 기관은 이후 직원들이 소셜 미디어 이용에 주의할 수 있도록 하는 규칙을 만들고 집행하는 것이 중요하다. 예를 들어, 개인정보 보호, 저작권 및 기타 권리에 대한 고려와 같은 기밀을 보호하기 위한 의무의 준수와 문제가 생겼을 때의 대응에 대한 규칙 등이 있다.

5 소셜 미디어를 통해 제공되는 정보에 대한 문서관리(기록의 준비와 보존) 규칙을 제정하고 집행하는 것

일본에서는 정부부처 및 기관이 소셜 미디어를 통해 내보내고 있는 정보의 범위를 정의하는 규칙을 제정하고 집행해야 한다는 요구가 있다. 이러한 정보들은 공공기록물 관리에 관한 법률(the Public Records Management Act)에 의해 행정적인 문서로 고려할 수 있으며, 그러한 관리에 대한 절차 및 보관 기간에 대해 적용하여 관리할 수 있다.

6 부처 및 기관의 소셜 미디어 운영에 대한 내부 및 외부 정책 형성과 수행

이상 위에서 언급된 거버넌스의 윤곽을 효과적으로 설계하기 위해 부처 및 기관은 소셜 미디어 운영에 대한 정책을 수립해야 하며, 그 정책에 부합되도록 소셜 미디어를 활용해야 할 것이다.

현재 일본은 총무성(MIC)과 방위성과 같은 특정 부처 및 기관에 의해 트위터와 페이스북의 운영에 관한 정책이 마련되어 있다. 그러나 이 정책은 이용 목적, 이용을 관리하는 담당자, 관계자, 이용 시간, 주의 사항의 수준에 그치고 있다. 다른 대부분의 부처 및 기관은 어떤 정책도 결정하지 않은 상태이다.

소셜 미디어의 운영에 대한 정책을 수립할 때, 부처 및 기관은 내부 및 외부 정책 간 차이를 생각해 보고, 각각이 구별되도록 결정해야 한다.

내부 정책은 직원이 소셜 미디어 이용 시 지켜야 할 기본 원칙, 주의 사항, 문제 대처 방법, 상담창구 등과 같은 항목들을 다루어야 한다. 이러한 내부 정책이 아직 어떤 부처 및 기관에서도 결정된 바가 없지만, 지방자치단체에서는 그러한 정책을 갖고 있는 수가 늘고 있으며, 부처 및 기관에서도 내부 정책을 잘 수립해야 할 것이다.

외부 정책의 항목은 부처/기관에서 이용하는 소셜 미디어의 이름과 제공자, 서비스 목적, 제공되는 정보의 유형, 서비스 공급 설치, 시민들의 의견에 대한 응답의 가이드라인, 보안 대책, 그리고 부처/기관이 제공하는 소셜 미디어 서비스의 이용에 대해 요구된 기타 항목에 대한 것을 망라한 것이다.

소셜 미디어의 운영에 관한 내부 및 외부 정책의 결정은 아마도 부처 및 기관에 의한 소셜 미디어 이용의 신뢰성을 개선하는 데 큰 역할을 할 것이다.

표 4-2 소셜 미디어의 운영에 관한 외부 정책의 예상 항목

소셜 미디어의 운영에 관한 외부 정책의 예상 항목	
1	서비스 이름
	① 계정 이름
	② 계정 URL
2	서비스 제공업체
	① 조직 이름
	② 운영관리 담당부서
	③ 관계자
3	서비스 목적 및 제공된 정보
	① 서비스 목적
	② 제공된 정보의 유형과 내용
	③ 다른 소셜 미디어와의 연계 유형
4	서비스 제공을 위한 설치(setup)
	① 서비스 운영 시간
	② 서비스 수정 및 정지에 관한 항목
	③ 서비스 문의에 대한 연락
5	독자 의견에 대한 응답의 가이드라인
	① 관계자를 위한 가이드라인(팔로잉, 트윗, 리트윗 등)
	② 답장을 위한 가이드라인
6	보안 제공
	① 사칭 등을 방지하기 위한 대책
	② 시스템 이용 불가/시스템 다운을 취급하는 절차

<table>
<tr><td rowspan="4">7</td><td>책임 면제의 항목</td></tr>
<tr><td>① 제공하는 정보의 내용에 관한 책임 면제의 항목</td></tr>
<tr><td>② 서비스 수정, 정지 등에 관한 책임 면제의 항목</td></tr>
<tr><td>③ 서비스 제공의 작동 환경에 관한 책임 면제의 항목</td></tr>
<tr><td rowspan="4">8</td><td>금지 항목</td></tr>
<tr><td>① 인권 등의 침해에 대한 금지 항목</td></tr>
<tr><td>② 사회적인 금지 항목</td></tr>
<tr><td>③ 서비스 자체에 대한 금지 항목</td></tr>
<tr><td>9</td><td>저작권 및 기타 권리에 관한 주의 사항</td></tr>
<tr><td>10</td><td>개인 정보의 취급 및 보호에 관한 항목</td></tr>
<tr><td>11</td><td>소셜 미디어를 통해 제공되는 정보의 기록의 제작 및 보존에 관한 항목</td></tr>
</table>

표 4-3 소셜 미디어의 운영에 관한 내부 정책의 예상 항목

<table>
<tr><th colspan="2">소셜 미디어의 운영에 관한 내부 정책의 예상 항목(직원용)</th></tr>
<tr><td>1</td><td>소셜 미디어의 정의</td></tr>
<tr><td>2</td><td>소셜 미디어 이용의 장점과 단점</td></tr>
<tr><td>3</td><td>소셜 미디어 이용의 기본 원칙</td></tr>
<tr><td rowspan="6">4</td><td>소셜 미디어 이용 시의 주의점</td></tr>
<tr><td>① 기밀을 보호하기 위한 의무의 준수</td></tr>
<tr><td>② 제공된 정보의 내용</td></tr>
<tr><td>③ 제공되는 정보의 책임 소재</td></tr>
<tr><td>④ 제공된 정보에 관한 의견이나 질문의 처리</td></tr>
<tr><td>⑤ 저작권 보호 및 기타 권리</td></tr>
<tr><td rowspan="3">5</td><td>소셜 미디어 이용 시의 금지 항목</td></tr>
<tr><td>① 금지된 정보의 제공</td></tr>
<tr><td>② 금지된 행위들</td></tr>
<tr><td rowspan="3">6</td><td>문제 처리 절차</td></tr>
<tr><td>① 문제 방지 절차</td></tr>
<tr><td>② 발생 시 문제를 다루는 절차</td></tr>
<tr><td>7</td><td>상담 창구</td></tr>
</table>

제 5 절 결론

점점 더 많은 부처 및 기관이 소셜 미디어 운영에 대한 정책을 수립해 나가기 시작한다면, 앞으로 소셜 미디어 이용에 대한 가이드라인을 마련하는 것이 필요할 것이다.

중앙정부와 지방 공공기관이 소셜 미디어를 통해 정보를 보급할 경우, 주의해야 할 점들에 대한 가이드라인 설정의 예는 “중앙정부, 지방 공공기관이나 기타 공공기관의 민간 부문 소셜 미디어 이용 및 정보 보급에 관한 가이드라인”에서 제시하고 있다. 이 가이드라인은 내각관방, 총무성(MIC), 그리고 2011년 4월 경제산업성(METI)에 의해 공동으로 준비되었다.

이러한 가이드라인이 “소셜 미디어 운영에 대한 정책의 수립 및 명시적 진술”을 다루고 있음에도 불구하고, 실질적으로 정부기관이 정책을 수립하는 데 활용되지 못하고 있는 것이 현실이다. 기존의 가이드라인을 가지고 정책의 특정 항목이나 세부 사항을 구체적으로 결정하기에는 불충분하다. 따라서 모든 부처 및 기관이 소셜 미디어의 운영에 대한 고유의 정책을 수립하는 데 참고할 수 있는 더 나은 가이드라인의 개발이 요구된다.

제 5 장 러시아 연방에서 정부와 시민 간 상호 작용: 현재와 미래

제1절 러시아 정부의 PR 체계 도입 배경
제2절 러시아 정부의 PR 체계
제3절 러시아 정부의 쌍방향 커뮤니케이션 수단
제4절 결론

제 5 장 러시아 연방에서 정부와 시민 간 상호 작용: 현재와 미래

제 1 절 러시아 정부의 PR 체계 도입 배경

오늘날 세계화 과정이 가속화되고 정보 영역으로 진입하고 있는 상황은 정부 당국의 경쟁력에 중대한 변화를 가져오고 있다. 이제는 정치적 자원들이 단지 경제, 군사력, 공공 권력기관과 같은 전통적인 영역 대신에 정보환경과 정책에 의해 제한받고 있는 것이다.

세계화 과정은 인간 사회의 정보 원천이 급속하게 성장하는 것과 직접적으로 연결되어 있으며, 정치환경에 다양한 방식으로 영향을 미치고 있다. 이러한 환경에서 대중의 의식(consciousness)은 정보적 영향의 목표(object)이자 목적(goal)이 되었다. 여기서 우리는 특정 목적을 성취하려는 여론의 조작부터 시작해서 복잡하고 장기적인 정보사회 개발 모델을 형성하는 데에 이르기까지 광범위한 정보 행위(informational actions)를 관찰할 수 있다.

국가는 전통적으로 다양한 혁신적인 관리 도구와 기술을 경험했다. 19세기 말 미국 정부는 후에 "PR(public relations)"이라고 불리는 새로운 방법론을 개발했다. 당시 정치인들에게 여론 개발 도구들은 가장 중요한 우선순위 중 하나가 되었다.

따라서 'PR' 현상은 확실히 미국적 기원을 가지고 있으며, 그것의 고전적 정의는 미국 연구자들에 의해 내려진 것이다. 웹스터 국제사전은 'PR'을 아래와 같이 정의하고 있다: "PR은 조직에 대한 긍정적인 이미지를 창조하고 유지하기 위해 외부의 커뮤니케이션을 관리하는

* 블라디미르 샤마코프(Vladimir Shamakhov): 러시아 국가경제공공행정아카데미(North-Western Institute of Management of the Russian Presidential Academy of National Economy and Public Administration) 교수.

것이다. PR은 성공을 대중화하고, 실패는 줄이며, 변화를 알리는 등 여러 활동을 포함한다."[1] 블랙(S. Black)은 다음과 같이 정의하고 있다. "PR은 진실과 완전한 정보에 근거한 상호 이해를 기반으로 하여 조화에 도달하기 위한 기술이자 과학이다"(Black, 1983: 15).

정부 당국의 초기 PR 부서들은 시민들에 대한 정보 전달, 즉 중앙과 지역과 지방정부들의 활동과 관련한 정보 전달에 초점을 두었다. 이후 이들의 목적은 더욱 다양해졌다. 정부 당국의 긍정적인 이미지 형성, 핵심적인 이슈에 대한 대중들의 합의 도출, 시민과 공공 권력기관의 대화, 또한 다양한 대중과 정치적 이익집단 사이의 대화 실행 등이 그것이다.

1990년대 초, 러시아 연방은 서구의 PR 도구들을 받아들이기 시작했다. 민주적 형태의 거버넌스로 전환하는 것은 정부와 시민들과의 상호 관계에서 현실적으로 새로운 형태를 필요로 하게 했다. 이 기간 러시아에서의 PR 활동은 사기업과 공공 권력기관의 부서들이 제공하는 서비스가 유사하게 나타났다. 1990년대 초 러시아 정부 당국에서 PR 부서들이 발전하게 된 이유들은 다음과 같다.

1. 중앙, 지역, 지방정부 활동들에 대한 온전한 정보를 획득하고자 하는 시민들의 실제적 욕구
2. 러시아에서 정치적 다원주의와 정치적 다양성의 보급
3. 핵심적인 민주화 절차 중 하나의 실행－공공 권력기관들의 모든 수준(연방, 지역, 지방)과 사회의 상호 작용이 러시아 정치와 사회환경에 침투

1990년대 공공 여론조사 결과, 대다수 시민이 공공 당국들이 시장 경제로 이전하는 과정의 활동에 대해 만족하지 않는 것으로 나타났다. 대중의 기대와 참담한 경제개혁의 중간 결과 사이의 괴리는 특권층의 해체로 이어졌다. 당시의 사회연구조사는 모든 공공 권력기관들에 대한 시민들의 낮은 신뢰와 지지를 보여주었다. 단지 응답자의 1~10%만 러시아 정부에 전적으로 지지했고, 25~40%는 부분적으로 지지, 35~50%는 정부의 활동을 지지하지 않았으며, 10~20%는 이 질문에 응답하는 것을 어려워했다.[2]

소비에트 연합의 붕괴 이후 러시아 연방의 독립이 이루어진 초기 10년이 끝나갈 무렵, 체제적 공공 위험이 모든 주요 정치적 이해관계자들에 대한 신뢰 손실을 야기하고 있음은 분명해 보였다. 러시아 연방의 정치적 지도자들과 기업 대표들은 현대화와 지속 가능한 발

1) http://www.websters-online-dictionary.org/definitions/public+relations
2) Сморгунов Л.В. Современная сравнительная политология. -М., 2002. С. 484. (Smorgunov L. Contemporary comparative political science. -M., 2002. p. 484.)

전 방법에 대한 공공의 합의 조건을 세우기 위한 노력을 기울이기 시작했다.

발전된 PR 도구들이 시민의 공공 개혁 신뢰에 대한 효과적인 도구가 될 수 있음과 동시에 국가와 사회의 대화를 강화하는 효율적인 수단임은 잘 알려져 있다. 20세기 말에 서구 국가에서 널리 퍼진 이러한 접근은 러시아 연방에서는 19세기가 시작되면서 강력하게 요구되었다. 공중과의 소통을 위한 효율적인 시스템은 뉴 밀레니엄과 함께 시작되었으며, 이것은 정치적으로 러시아 대통령과 정부의 최우선순위가 되었다. 2003년 2월 12일 러시아 정부는 Act N 98 "러시아 연방정부와 연방의 공공 당국들의 활동 정보에 대한 접근을 제동하는 것에 대하여"를 채택했다. 이 정부법(Government Act)은 모든 시민이 공공성, 인터넷 그리고 다른 공공 정보 원천들을 수단으로 하여 접근할 수 있는 연방 공공기관의 활동에 대한 정보 목록을 대략적으로 제시하고 있다.

이하에서 우리는 러시아 연방의 정보정책의 흐름을 관찰할 수 있다.

1. 공무원들이 시민으로부터 정보를 신속하고 직접적으로 수집하는 것에 초점을 둔 쌍방 균형적인 커뮤니케이션의 실행
2. 시민들의 정보 요구에 대한 반응으로서 피드백의 설립
3. 웹 자원, 블로그, 디지털 매스미디어 등과 같은 새로운 정보 서비스를 실행함으로써 공공 당국과 사회 간의 의사소통적 상호 작용의 효율성 증대

현재 각 러시아 연방의 공공 당국은 매스미디어와 시민 간의 커뮤니케이션에 대해 책임지는 특별 부서(unit)를 가지고 있다. 따라서 오늘날 러시아 연방에서는 PR을 의사소통적 정보활동에 대한 특별한 중재 역할로서 이해하고 있다. 이 활동은 공공 당국, 시민, 시민사회단체들(NGO) 사이, 그리고 사회 전체와 사회정치 환경의 핵심 행위자들 간 쌍방적 상호 작용 통로를 개발하고 확립하는 것에 초점을 둔다. 즉, PR 시스템을 연방, 지역, 지방 공공 당국에 의한 관리적 정책결정의 촉진을 목적으로 한다고 결론지을 수 있다. 이러한 촉진은 이하의 행위들로 특정지어진다.

- 공공 당국의 활동과 이러한 활동에 사람들이 접근하는 것에 대한 시민들의 인식 정의
- 공공 당국에 의한 특정의 관리적 결정에 대한 공공 여론의 형성
- 공공 권력기관과 조직들에 대한 신뢰와 권위의 증대
- 공공의 인식에 공공 당국의 긍정적인 이미지 창조 및 전파

러시아 연방에는 광범위한 PR 부서 명칭들이 있다. "Department for Public Relations and

Mass Media", "Press-Center", "Public Informational Unit", "Center for Public Communications" 등이 그 예이다. 이러한 부서들은 명칭이 달라도 실제적인 목적과 목표는 기본적으로 동일하다. 이들은 권위주의 또는 전체주의 프로파간다의 전형적인 특징인 타깃 집단에 대한 일방적인 영향을 위한 수단으로 이용당해서는 안 된다. 이들의 활동에서 쌍방적 커뮤니케이션은 의무이다. 러시아 공공 당국의 PR 부서들의 목표는 다음과 같다.

- 사람과 조직 간의 접촉의 설립 및 유지: 이러한 접촉은 기본적으로 시민사회단체, 정치정당, 종교집단, 공중의 지도자들 등에서 기본적으로 유지된다.
- 공공 당국에 의해 받아들여지는 정치적 결정들에 대한 정보의 전파
- 특정 공무원이나 공공기관의 활동에 대한 사람들의 인식 분석
- 정치적 · 사회경제적 영역에서의 공공 당국의 행위에 대한 사람들의 인식 예측
- 공공 당국에 대한 관련 분석 보고서들의 개발
- 공공 당국과 그 정치적 · 관리적 지도자 및 그 직원들에 대한 긍정적인 이미지 창조

러시아의 PR 분야 전문가들은 관련 PR 부서들의 사회 · 정치적 기능들에 대해 특별한 관심을 기울였다. 그들은 PR의 기능에 대해 다음과 같은 기본틀을 잡았다.

1. **정보 흐름**: 시민들이 국가, 지역, 도시 또는 그 밖에 다른 지역 공동체 개발에 대해 이용 가능한 정보 흐름의 충분한 수준을 제공하는 것이다.
2. **교육**: 애국 의식, 정신적 · 도덕적 기본 태도의 형성을 목적으로 한다. 이 기능의 가장 중요한 목표는 사람들의 일반적인 법적 · 정치적 문화를 개발하는 데 있다.
3. **의사소통 흐름**: 정보가 공공 당국으로부터 시민들에게 직접 전달하는 것을 가정하며, 특히 공공 서비스의 공급과 접근에 대한 정보를 제공하는 것을 의미한다.
4. **조직**: 시민사회 조직, 그들의 지도자들, 시민들의 이익단체 등의 협력을 통해 공공 당국과 사회환경 사이의 효과적인 의사소통을 다룬다.
5. **시민 참여의 촉진**: PR의 매우 중요한 기능이다. 시민의 공공 영역 거버넌스 참여에 대한 민주주의의 기본적 가치로부터 기인한다. 이 기능은 PR 도구들이 시민들의 연방, 지방, 지역 선거, 공청회, 시민사회 조직들의 활동, 자선 등에 참여하도록 독려하는 데 사용되는 방식에 대한 것이다.
6. **연구와 분석**: 이것은 선택, 정보 흐름 과정 및 이의 분석과 연결된다. 이 기능의 실행은 정보 전략과 특정 공공 당국의 외부 환경정책 개발을 이끈다.
7. **자문**: 이것은 관리적 정책을 결정하는 공공 당국 지도자들에게 정보를 지원한다. 이

정보는 공중의 의견과 기대에 부합해야 한다.

8. **예측**: 다양한 공공 당국의 활동에 대한 사람들의 기대와 인식을 제시함으로써 여론에 영향을 미치는 가장 유망한 방법을 선택하는 것을 다룬다.
9. **이데올로기**: 시민과 공공 당국 사이의 이념과 태도를 교환하는 도구이다. 이 기능의 실행은 권력기관과 연방, 지역, 지방 수준의 사람들 및 주요 사회단체 간에 의사소통할 때 상호 수렴 과정을 거칠 것을 요구한다.
10. **창의성**: PR 전략에서의 혁신적 징후들을 반영한다. 혁신적 접근의 목적은 공공 당국의 활동들에 대해 사람들의 관심을 끌 수 있는, 본래 정서적으로 덧입혀진(colored) 이미지와 정보 문제들을 창조하는 데에 있다.
11. **이미지 메이킹**: 전문적, 기업적, 개인적 역량을 홍보함으로써 공공 권력기관과 그들의 정치적 · 관리적 지도자들에 대한 긍정적 이미지를 창조하는 것을 목표로 한다.

제 2 절 러시아 정부의 PR 체계

오늘날 러시아 연방의 다양한 공공 당국의 활동에 대한 PR 체계는 복잡하고 다차원적이다. 이는 현존하는 공공 행정 시스템을 반영한다. 러시아 연방의 PR 체계는 다음과 같다.

1 러시아 연방 대통령실

정치적으로 가장 영향력 있는 기관 중 하나이다. 러시아 연방 대통령실(Administration of the President of the Russian Federation)에는 크게 세 개의 PR을 책임지는 부서들이 있다. "대통령 관할 PR 및 커뮤니케이션실(Presidential Directorate for Public Relations and Communication Office)", "대통령 관할 언론 및 정보실(Presidential Directorate for Press and Information Office)", "대통령 관할 시민 및 단체대응실(Presidential Directorate for Correspondence from Citizens and Organizations)."

1) 대통령 관할 PR 및 커뮤니케이션실

대통령 관할 PR 및 커뮤니케이션실(Presidential Directorate for Public Relations and

Communication Office)의 핵심 업무는 정부의 정보 정책과 관련하여 대통령의 헌법적 권력을 잘 수행할 수 있도록 지지하는 것이다. 또한 정부 정보정책과 관련한 이슈에 대해 대통령에게 제안하며, 제안한 내용이 대통령의 지시에 따라 실행되도록 참여한다. 다양한 영역에서 정부 정책의 실행에 대한 이슈와 관련 미디어의 위치, 여론을 분석하고 이러한 문제들을 신속하게 대통령에게 브리핑한다. 대통령에 의해 내려지는 사회적으로 중요한 결정에 대해 정보 지원 전략을 개발하고, 대통령의 지시에 따라 그 실행에 참여한다. 연방정부 기관들과 다양한 분야에서 수행되는 정부의 미디어 관련 정책에 대한 객관적 정보를 제공하는 것을 목표로, 연방 집행 당국의 정보활동을 조정한다. 러시아 연방과 해외에서의 주요 국제 사건에 대한 정보 지원을 조정하고, 2014년 제22회 소치 동계 올림픽과 11회 장애인 동계 올림픽을 준비하고 개최한다.

2) 대통령 관할 언론 및 정보실

대통령 관할 언론 및 정보실(Presidential Directorate for Press and Information Office)은 정부의 정보 활동 분야와 관련하여 대통령이 헌법적 권한을 행사하는 것을 지원한다. 러시아의 정보 공간 형성과 정보 정책 관련 문제들에 대해 대통령에게 제안서를 제출하고, 그 실행에 참여한다. 법령과 규례, 연설, 회담, 그 밖에 대통령이 참여하는 모든 활동에 대해 매스미디어에 알린다. 대통령의 결정과 언급에 대한 언론의 반응과 행태를 대통령에게 즉시 보고한다. 대통령이 러시아와 해외에서 참여하는 제반의 업무, 공식·비공식적 방문, 공식적 회의, 담화, 여행에 관한 정보를 제공한다. 대통령과 매스미디어 간의 상호 작용을 구성한다.

3) 대통령 관할 시민 및 단체 대응실

대통령 관할 시민 및 단체 대응실(Presidential Directorate for Correspondence from Citizens and Organizations)에서는 러시아 대통령과 대통령 집행실에 러시아와 외국의 시민들, 무국적의 사람들이 보내온 언급과 서신들을 평가한다. 시민들의 서신들에 대해 안내 업무를 수행하고, 시민들의 서신을 분석하여 대통령에게 보고한다. 시민들의 서신들과 관련된 대통령 집행실 업무에 대해 정보적·분석적 및 방법론적으로 지원한다.[3)]

3) http://eng.state.kremlin.ru/administration/division

4) 대통령 자문위원회

러시아 연방의 대통령 아래에는 15개의 자문위원회(Presidential Advisory Boards)가 있다. 주요 목적과 목표는 국제 및 공공 업무, 교육, 과학 및 기술 등의 특정 영역에 대한 자문과 조언이다. 이들 자문위원회는 기본적으로 정부 부처와 대통령실의 고위 공무원들에 의해 구성된다. 그 구성원들 가운데에는 특정 연구 영역과 산업에서 선두적인 전문가들도 있다. 예를 들면, 문화예술위원회, 교육과학기술위원회, 종교조직협력위원회 등과 같은 자문위원회의 구성원들은 선두적인 과학자, 교육자, 종교지도자들이다. 유명한 인권활동가들은 시민사회 발전과 인권위원회의 구성원이 된다.

2 러시아 연방정부

러시아 연방정부(Government of the Russian Federation)는 고유의 관할 언론 및 정보실(Directorate for Press and Information Office)을 가진다. 이것은 (미디어를 통해) 법령, 보고서 그 밖에 러시아 연방정부의 정보 활동과 관련한 정보를 미디어와 시민들에게 전달하는 것을 관장한다. 러시아 연방정부에는 20개의 부서와 41개의 연방기관 및 서비스들이 있다. 5개의 부서[4]는 러시아 연방 대통령에게, 15개 부서[5]는 수상에게 속해 있다.[6] 이러한 각각의 연방 부서와 기관들은 고유의 관할하는 언론 및 정보가 있으며, 또한 다양한 부서는 시민과 민간단체들에 대한 대응의 책임이 있다. 현재 시민서비스기관 외에도 군대, 해군, 경

4) 내무부(Ministry of Interior), 국방부(Ministry of Defense), 외무부(Ministry of Foreign Affairs), 민방위부(Ministry of Civil Defense), 러시아 연방의 긴급재난수호(Emergencies and Disaster Relief of the Russian Federation), 법무부(Ministry of Justice).

5) 보건부(Ministry of Healthcare), 문화부(Ministry of Culture), 교육과학부(Ministry of Education and Science), 러시아 연방 천연자원환경부(Ministry of Natural Resources and Environmental of the Russian Federation), 러시아 연방 산업무역부(Ministry of Industry and Trade of the Russian Federation), 러시아 연방 커뮤니케이션 및 매스미디어부(Ministry of Communications and Mass Media of the Russian Federation), 러시아 연방 지역개발부(Ministry of Regional Development of the Russian Federation), 러시아 연방 농림부(Ministry of Agriculture of the Russian Federation), 러시아 연방 체육부(Ministry of Sport of the Russian Federation), 러시아 연방 교통부(Ministry of Transport of the Russian Federation), 러시아 연방 재무부(Ministry of Finance of the Russian Federation), 러시아 연방 경제개발부(Ministry of Economic Development of the Russian Federation), 러시아 연방 에너지부(Ministry of Energy of the Russian Federation), 러시아 연방 노동 및 사회보장부(Ministry of Labor and Social Security of the Russian Federation), 러시아 극동지역개발부(Ministry for the Development of the Russian Far East).

6) http://government.ru/eng/power/

찰 등과 같은 연방 및 지역 차원의 모든 군사기관들 역시 PR 부서를 두어 커뮤니케이션 서비스 및 언론 담당부서를 통한 홍보를 실시하고 있다.

3 러시아 연방 지역정부

현재 러시아 연방에는 83개의 지역(Regions of the Russian Federation)이 있다. 지역행정과 지역정부의 구조는 다양하지만, 적어도 하나의 관할 또는 행정 부서는 언론과의 커뮤니케이션 및 홍보를 맡고 있다. 예를 들어, 상트페테르부르크 시티 정부[7]에는 크게 3개의 홍보를 책임지는 관할 부서[8]가 있다.[9] 각 부서와 상트페테르부르크 시티 정부의 위원회는 PR에 책임이 있고 미디어와 상호 작용하는 고유의 언론 담당부서를 두고 있다. 인구 170만 명으로 러시아 북서 지역에서 두 번째로 큰 지역인 레닌그라드에는 PR을 맡은 부서가 출판 및 홍보위원회(Committee for Printing and Public Relations)로 오직 한 개 존재한다. 레닌그라드의 부문별 위원회는 각각 자신들의 언론부를 가지고 있다. 러시아 연방의 다른 모든 지역에도 PR 서비스를 제공하는 동일한 구조가 존재한다.

4 지방정부

2003년과 2006년, 러시아 연방의 지방정부 개혁이 일어난 이후 나라 전역에 24,000개 이상의 지방정부(Local Governments)가 생겨났다. 지방정부에는 여러 작은 구역을 통합한 지역(district) 지방 정부, 도시 지역, 도심 주거지(중소 규모 도시), 농촌 주거지 등 여러 유형이 있다. 지방정부의 인구 크기와 지방 공무원 수에 따라서 PR 및 미디어와의 커뮤니케이션을 담당하는 부서나 사람이 존재한다. 대도시나 중규모 도시에는 여러 사람을 고용한 부서가 있을 수 있고, 작은 지방정부에는 일반적으로 행정의 언론 담당 비서(공보비서)라고 불리는 사람이 적어도 한 명 존재한다.

---

7) 러시아 연방의 상트페테르부르크는 약 500만 명의 주민이 살고 있는 지역이다.
8) Press Office of the Governor of Saint-Petersburg, Committee for Printing and Communication with Mass Media, Committee for Youth Policy and Communication with the Civil Society Organization
9) http://www.gov.spb.ru/gov/admin/otrasl

5 대표 권력기관들

러시아 연방의 대표 권력기관들(Representative Power Institutions) 역시 러시아 국회(러시아 하원 및 연방 의회)와 함께 시작한 그들의 언론부서를 가지고 있다. 각 지역(regional) 의회 또한 미디어와 시민들에게 언론 서비스를 제공하고 있다. 지방(local) 의회와 지방의원들은 지방 행정부의 언론 부서를 통해 홍보활동을 실행한다.

제 3 절 러시아 정부의 쌍방향 커뮤니케이션 수단

1 시민 및 시민사회단체와의 교신

러시아 연방법에 따라 시민 및 조직과의 통신(Correspondence with citizens and organizations)은 모든 연방, 지역, 공공 당국의 의무이다. 법은 시민과 법적 존재들로부터 온 서면 요구 사항에 대해 30일 이내에 서면으로 응답하도록 규정하고 있다.

2 정치적 홍보

20여 년 전 러시아 연방에 다수 정당 정치 시스템이 시작되면서부터 정치 홍보(Political Public Relations)가 존재해 왔다. 각각의 정당은 그들의 정보전략 및 커뮤니케이션 전략을 가지고 있으며, PR 부서는 선거 기간 동안 혹은 그 사이에 그러한 전략들을 실행한다. 러시아 정당들은 포스터, 신문, 브로셔, 라디오, 텔레비전 등과 같은 전통적인 홍보 수단과 함께 웹사이트, SMS 메시지, e-메일 등과 같은 현대 IT 기술도 많이 사용한다. 러시아 정치 시스템의 민주화와 정당에 대한 새 연방법의 결과, 오늘날 러시아에서 정치 PR이 부상하고 있다. 법은 정치정당의 설립 요건으로 500명의 구성원만을 요구하고 있을 뿐이다.[10] 최근 몇

10) 이전에 연방법은 정당으로 등록하기 위해서는 40,000명의 구성원과 50%의 지방 당사가 있을 것을 요구했다.

달 동안에도, 사법부는 새로운 정당을 등록하려는 신청서를 여러 건 수령했다. 그러므로 러시아의 정치환경이 좀 더 경쟁적으로 될 것을 예상할 수 있다. 정당들이 경쟁력을 가지기 위해 그들의 정치강령을 좀 더 효과적으로 홍보하기 위한 수단들을 사용하게 될 것이다.

3 시민사회단체 PR

러시아 연방에서 시민사회단체(Civil Society Institutions: 비정부조직)는 갈수록 더 중요한 역할을 하고 있다. 그들은 러시아 사회의 다양한 부분들을 대표한다. 화가노조(Union of Painters), 기술자노조(Union of Engineers), 육류공급노조(Union of Meat Supplies) 등과 같이 전문적 노조일 수도 있다. 예컨대, 산업노조는 국가와 지역의 상공회의소에서 매우 중요한 역할을 한다. 어린이, 환자, 장애인을 지원하는 자선조직이 점점 더 많아지고 있으며 신뢰를 얻고 있다. 자연환경 보호와 생태계 역시 NGO 활동의 주요 분야이다. 마약, 부패 등과 같이 러시아 사회환경에 부정적인 지표들에 저항하는 것을 주요 목표로 선언한 NGO들이 많이 있다. 최근에는 인권 보호, 경찰 재량권의 남용, 교도소 시스템 등과 같은 정치적 분야와 관련된 NGO들도 증가했다.

1) 러시아 연방 시민위원회

러시아 연방 시민위원회(Civic Chamber of the Russian Federation)는 상대적으로 새로운 자문기구이다. 러시아 연방 시민위원회는 2005년 4월 4일, 러시아 연방법의 N 32 "러시아 위원회에 관하여(On the Russian Chamber)"에 의거하여 세 단계를 거쳐 형성되었다. 위원회는 17개의 위원회와 다양한 분야의 하위 위원회가 설치되었다. 위원회의 구성원들은 NGO와 그 밖의 시민 영역에서 나온 전문가들을 포함한 실무진이다. 위원회의 기능 중 하나는, 러시아 연방법 No 32, '러시아 공공위원회에 관하여(On the Public Chamber of the Russian Federation)'(2005년 4월 4일)에 의거하여 시민, NGO, 정부 및 지방정부 등 사회적으로 중요한 이익 간에 조정을 촉진하는 역할을 수행하는 것이다. 이는 경제와 사회 발전에 가장 중요한 문제들을 해결하고, 국가 안보를 보호하며, 시민들의 자유권과 헌법 질서와 시민사회 발전의 민주적 원리들을 수호하기 위해 필요하다. 구체적인 방법은 다음과 같다.

1. 정부 정책의 실행에 시민과 NGO들이 개입한다.

2. 시민사회 주도를 홍보하고 지원한다. 시민사회 주도는 국가적으로 중요하며, 시민과 NGO의 자유와 법적 이익, 권리를 실행하는 것을 목적으로 한다.
3. 연방 법안 초안과 러시아 연방의 헌법적 기관의 법안들, 러시아 집행부와 지방정부 당국의 규제 초안 등에 전문 지식을 제공한다.
4. 러시아 정부, 연방 집행부, 러시아 연방과 지방정부의 헌법적 기관에 의한 공공 통제 활동을 현 연방법에 의거하여 실행한다.
5. 러시아의 시민사회를 장려하기 위해, NGO나 그 밖에 시민사회 관련 단체들에 대해 정부가 우선적으로 지원하도록 러시아 공공 당국에 권고한다.
6. 러시아 연방의 구성적 독립체로서 공공위원회가 설립되도록 정보와 방법론 등 다양한 형태의 지원을 제공한다.[11)]

러시아 연방 시민위원회에 더해 지역 시민위원회도 설립되었다. 이는 지역과 지방의 사안들에 대해 지역정부 당국과 NGO, 시민 간에 커뮤니케이션을 촉진하기 위함이다.

4 여론조사

여론조사(Public Opinion Polls)는 공공 영역의 중요한 문제들에 대한 시민들의 피드백을 이해하기 위한 사회조사의 특정 분야이다. 이러한 분야의 교육과 사회조사 서비스, 컨설팅 등에 특화된 많은 교육기관, NGO, 사기업이 있다. 러시아의 공공 당국은 다양한 이슈들에 대해 전문적인 여론조사를 하기 위해 외부의 회사들과 계약한 국제적 경험들을 공유한다.

공공정부 당국만이 여론조사를 위해 전문가들과 계약하는 것은 아니다. 정치정당, 출판사(printing), 전기 디지털 미디어, 그리고 몇몇의 NGO 등도 동일한 방법을 사용한다.

높은 수준의 여론조사를 제공하는 유명한 기관들(All Russian Center for Public Opinion Research, Levada Center, Public Opinion Foundation 등)이 있다. 주로 이들은 독립된 기관으로서 계약에 기초하여 서비스를 제공한다. 그들의 고객들에는 러시아 연방의 대통령실, 러시아 연방정부, 연방 부서와 기관들, 주요 러시아 및 국제 출판사와 디지털 미디어, 국제 재단들, 러시아의 NGO 등이 있다.

지역과 지방의 이슈들에 대한 지역 공동체 사람들의 반응을 연구하는 등의 서비스를 제공하는 지역 여론조사 기관도 많이 있다.

11) http://www.oprf.ru/en/about/

5 인터넷 커뮤니케이션

인터넷 커뮤니케이션(Internet Communication)은 공공정부 당국의 새로운 홍보 수단이다. 2011년부터 월드 와이드 웹(World Wide Web) 상에서의 PR은 커뮤니케이션 활동의 특별한 유형으로 인식되었다. 대다수의 공공 당국과 정보기관은 인터넷 공간으로 그들의 활동을 확장하기 위해 PR 전문가들을 충원했다. ICT 발달에 따라 새로운 역할이 출현한 것이며, PR 담당자의 역할이 명확하게 알려지지는 않았으나 정부 당국에서는 PR 정보 공무원들의 의무를 아래와 같이 설명하고 있다.

- 인터넷 공간에 문서 작성, 조정, 공공 당국에 보내진 e-메일 등의 내용 분석
- 공공 당국과 외부 환경 사이에 안정적이고 실제적인 인터넷 커뮤니케이션의 제공
- 인터넷을 통해 공공 서비스를 홍보
- e-메일, 채팅, 그 밖에 인터넷 수단을 통해 시민으로부터 온 피드백을 정리

이러한 인터넷 커뮤니케이션 유형들은 오늘날 러시아 연방에서 매우 중요하다. 왜냐하면 2011년 러시아의 인터넷 사용자 수는 약 4천 300만에서 4천 500만 명으로 추산되는데, 이는 전체 인구의 3분의 1 수준이기 때문이다. 천만 명 이상의 사람이 날마다 인터넷을 사용한다. 특정 사회 계층과 연령대에서는 이러한 통계치가 더욱 명확하게 나타난다. 예컨대, 러시아의 90% 학생이 인터넷에 지속적으로 접근하고 있으며, 단 2%만이 이러한 유형의 커뮤니케이션을 사용해 본 경험이 없다.[12)] 2012년의 인터넷 사용자의 총수는 5천 2백 40만 명으로 추산되는데 이는 유럽의 어느 나라보다도 많은 수이다.[13)]

공공 당국의 PR에서 인터넷 커뮤니케이션이 발전하는 데 핵심적 요인이 된 것은 2002년과 2010년 시행된 연방 목표 프로그램(the Federal Target Program) "일렉트로닉 러시아(Electronic Russia)"이다. 이 프로그램의 주요 목적은 다음과 같다.

- 정보통신기술 영역의 법률과 규제 시스템의 개발
- 정부 당국의 개방성 확대와 공공 정보 원천에 대한 보편적 접근, 현대 정보통신기술에

12) Lebedeva E.V. Young People in the Information Society [Intertet] // *Russian Social Science Review*, vol. 52, no. 4, July - August 2011, pp. 8-9.

13) Россия укрепила лидерство по объему интернет-аудитории в Европе // Cnews интернет. 20.01.12. -Url: http://internet.cnews.ru/news/line/index.shtml?2012/01/20/473755(Russia strengthened its leadership about volume of internet audience in Europe).

기반한 정부 당국과 시민들의 커뮤니케이션에 적합한 환경 보급
- 연방, 지역, 지방정부의 현대 정보통신기술 활동 수준의 향상
- 연방, 지역, 지방정부의 사기업과의 협력 증진 및 사적 영역에서의 정보통신기술 실행
- IT 분야 교육 체계 및 수준 높은 사용자를 위한 교육 체계 개발
- 현대 정보통신기술의 실행을 통해 독립적인 매스미디어 개발을 촉진
- 텔레커뮤니케이션 인프라 구조 개발 및 개방적인 정보 시스템에 대한 접근 지점 구축
- 전자상거래 시스템 등의 진화[14)]

연방 목표 프로그램 "일렉트로닉 러시아"의 목표 대부분은 성공적으로 성취되었다. 새로운 정보통신 시스템은 대통령실부터 시작하여 작은 농촌 지방정부에 이르기까지 모든 공공 당국에 도입되었다. 연방 목표 프로그램 "일렉트로닉 러시아"는 오늘날 러시아 연방이 서구적 전자 민주주의(Western E-democracy)를 실행하는 데 초석이 되었다.

러시아 인터넷 환경(runet)에서의 활동, 쌍방간의 인터넷 커뮤니케이션의 발전은 2008년 정부정비법(Government Arrangement) N 632에 의해 승인된 "전자정부의 개념(Concept of E-Government)"을 도입하는 원인이 되었다. 2009년에는 러시아연방정부헌정(Decree of Government of the Russian Federation) 연방 목표 프로그램 "일렉트로닉 러시아(Electronic Russia)"로의 변화 도입에 대하여(About introduction of the changes into Federal Target Program "Electronic Russia")가 등장하게 되었다.

이하는 전자정부의 목표와 목적의 개요이다.
- 시민과 사기업에 대한 공공 서비스 공급의 최적화
- 정부 거버넌스와 관리에 시민들의 참여 증대
- 시민의 무인 서비스(self-service) 개발 및 지원
- 시민들의 정보 지식, 기술, 자격의 증대
- 지정학적 요인의 감축

결론적으로 전자정부 개발 개념(E-Government Development Concept)의 핵심 목표는 다음 두 가지로 볼 수 있다.

첫째, 공공 관리 및 행정에서 고효율 저비용의 공급

14) Федеральная целевая программа «Электронная Россия(2002-2010 гг.)». 13.02.02. - http://www.oborot.ru/article/140/24(Federal Target Program "Electronic Russia").

둘째, 사회와 정부 관계의 급진적 변화의 도입[15)]

전문가의 의견에 따르면, 이 두 가지 목표의 실행은 러시아 연방의 민주화 향상과 정부 당국의 국가에 대한 책임성 증대를 이끌 것이다. 새로운 연방 목표 프로그램 "정보사회(Informational Society)"는 이러한 목표를 실행하는 데 1조 루블(US달러로 대략 330억 달러)을 지출하기로 했다. 3,750억 루블은 연방 예산에 의해 충당되고, 나머지는 지방 예산과 예산외 기금으로 충당될 것이다.[16)]

6 커뮤니케이션의 개인화

커뮤니케이션의 개인화(Personification of the Communication)는 정부 당국의 정치 관리 지도자들 사이에서의 새로운 흐름이다. 러시아의 전 대통령 메데브데프(Dmitri Medvedev)는 이러한 개인 블로그를 개설한 최초의 고위 정치인이다. 그는 일반 국민과 커뮤니케이션하기 위해 인터넷을 사용하기 시작했다. 이후 수년 간 많은 러시아 고위 정치인과 공직자(수상, 주지사, 국회 및 지역 의회 의원 등)이 자신들의 인터넷 장을 개설했다. 정치인들과 공공관리인들의 개인 인터넷 장에는 세 가지 유형이 있다.

- 공공 당국 웹사이트의 개인 페이지
- 소셜 네트워크상의 개인 페이지
- 개인 웹사이트

2009년, 2010년에 독립적 인터넷 포털인 http://www.polit.ru는 새로운 프로젝트인 "PublicPersons.Ru"(http://www.goslyudi.ru)를 시작했다. 여기에 러시아 고위 공직자들의 개인 블로그들이 모아졌다.[17)] 러시아의 전문가인 추미코프(A. Chumikov)와 보카로프(M.

15) Кучерявый М.М., Плотников В.А. Региональная модель формирования информацион ного общества (На примере Содружества Независимых Государств) // Евразий ская и нтеграция: экономика, право, политика. 2012. № 11. С. 141. (M. Kucheriavy,V. Plotnikov. Regional Model of Informational Society Development (On the sample of Commonwealth Community)// Eurasian Integration: Economics, Law, Politics. 2012. № 11. C. 141.

16) Пономарев И. Мы не будем автоматизировать хаос // Радио России. 16.07.2010. -Url: http://www.radiorus.ru/news.html?rid=304&date=16-07-2010&id=490140(I. Ponomarev. How we will make chaos automatic).

17) Чумиков А. Н., Бочаров М. П. Государственный PR: связи с общественностью для гос ударственных организаций и проектов: учебник для студентов вузов, обучающихся по направлению подготовки (специальности) "Реклама и связи с общественностью."

Bocharov)는 고위 관리들의 블로그에 대한 수요와 경쟁력 및 참여도를 높이기 위한 몇 가지 조언을 제시했다.

- 개인 블로그는 반드시 제한적이 아닌 직접적이고 넓은 피드백 기회를 제공해야 한다.
- 개인 블로그는 개인적으로 신뢰할 만한, 비제한적이고 직접적인 커뮤니케이션 형태를 기반으로 해야 한다. 이미 이루어진 일들에 대한 보고에만 그쳐서는 안 된다.
- 정치지도자들은 그들의 현재 행정적 지위에 대한 정보를 제공해야 한다. 많은 경우 그들은 이러한 종류의 정보를 제공하는 것을 꺼린다. 이러한 정보는 그들의 활동 대상집단의 관심을 왕성하게 이끌고 유지하게 될 것이기 때문이다.
- 정치지도자들은 그들의 블로그 운영을 외부의 인사에게 위임해서는 안 된다. 왜냐하면 그 경우 블로그는 개인적인 것으로 신뢰하기 어렵기 때문이다.
- 정치지도자는 반드시 그들의 블로그를 적절하게 운영하기 위한 시간을 할애해야 한다.
- 블로그는 "지나치게 중도적(over moderated)"이어서는 안 된다.
- 정치적 지도자는 특정 목표 사회집단을 지향해야 한다.

공공 관리들의 블로그에 대한 평가는 2009년 말 웹사이트 http://www.gosblogi.ru/에 개설되었다. 블로그의 등급은 참여자 수, 인용 수, 조회 수, 댓글 수 등 여러 지표를 기초로 계산된다. 등급은 매 20분마다 자동적으로 평가된다. 등급에 대해 블로그 저자의 승인은 필요로 하지 않는다.

7 정부홍보 캠페인

정부홍보 캠페인(Public Relations Campaigns) 역시 러시아 정부에서 널리 사용하는 수단이다. 이것의 목표는 특정 공공 이익에 대해 공동체에 효율적이고 유용한 모델을 홍보하는 것이다. 정부의 PR 캠페인에는 다음과 같은 유형이 있다.

- 지역 공동체 및 지역정부 당국의 홍보
- 조직과 조직의 지도자 및 관리자들의 홍보

-M.: ИНФРА-М, 2012. -С. 195. (A. Chumikov, M. Bocharov. Public PR: public relations for public authorities and projects: textbook for students for the concentration @2012. № 11. C. 141." Advertising and Public Relations." M., 2012, p. 195).

- 개인과 개인 개발에 관심을 갖는 고위 관리자들의 홍보

지역 공동체의 홍보는 러시아 정부의 PR 캠페인 중에서 가장 선도적인 유형이다. 이는 지역이 넓고 행정 구조가 지형적으로 복잡하기 때문이며, 또한 지역 및 지방정부가 외부의 투자를 유치하려는 수요가 많기 때문이다.

지역 홍보의 주요 목표는 다음과 같다.

- 지역의 산업과 서비스 부문의 경쟁력을 향상시키고 유지하기
- 주민들의 지역 정체성 고양하기
- 지역에 새로운 사업과 자원들을 유치하기

뉴 밀레니엄의 시작과 더불어 러시아 연방은 지속 가능한 경제개발 단계에 들어섰으며, 정치적으로도 세계 정치에서의 역할을 회복하기 시작했다. 이에 따라 최근 10~12년 사이에 러시아 내적 외적 환경에 대해 러시아의 좋은 이미지를 홍보하려는 많은 프로젝트가 진행되었다.

제 4 절 결론

지금까지 러시아 정부의 PR 체계에 대한 설명을 통해 몇 가지 일반적인 결론을 내리면 다음과 같다. 오늘날 러시아 연방에서 정부홍보 활동은 정부 당국과 다양한 시민집단 사이에 상호작용의 메커니즘을 제고함으로써, 민주화 과정의 매우 중요한 부분이 되고 있다. 정부 PR은 시민들에게 정치와 정책결정에 대해 유용한 정보를 제공함으로써 시민들에게 매우 중요한 서비스 공여 기능을 할 뿐 아니라, 시민으로부터의 피드백을 전달함으로써 정부 당국 자신에게도 중요한 의견 수렴 장치 역할을 하기 때문이다. 이러한 맥락에서 러시아의 정부 PR 과정에는 서비스 공급자로서의 정부 당국자 및 정책결정자만 참여하는 것이 아니라, 시민 및 시민사회단체, 매스미디어, 정치 정당과 이익집단, 공공 및 사적 여론조사기관, 교육 및 연구기관이 함께 참여한다. 또한, 정부PR의 중요성이 커짐에 따라, 현재 정부PR 담당부서의 숫자와 직원 수를 고려해 볼 때, 갈수록 이 분야의 전문가들을 필요로 하게 될 것이다. 따라서, 연방정부, 지역정부, 지방정부에서 모두 PR 담당자에 대한 전문적이고 세분화된 교육과 훈련이 요구된다.

제 6 장

벨라루스의 시너제틱 행정을 위한 공공 커뮤니케이션: 신뢰의 차원에서

제1절 서론
제2절 21세기의 정부 신뢰 구축
제3절 글로벌 시대의 신뢰와 거버넌스 간의 연계
제4절 정부 신뢰와 커뮤니케이션
제5절 벨라루스의 미디어 구조 개혁
제6절 정보통신기술의 활용
제7절 변화하는 시민 서비스
제8절 결론

제 6 장 벨라루스의 시너제틱 행정을 위한 공공 커뮤니케이션: 신뢰의 차원에서

제 1 절 서론

이 연구는 벨라루스 민스크에서 "Partnership for the Sake of the Future: Model of a New Era"라는 주제로 개최된 국제 미디어 포럼(International Media Forum)에서의 벨라루스 행정위원장의 연설문으로 시작하고자 한다.

"새로운 시대란 무엇인가?"에 대해 철학자와 과학자들은 포스트모더니티, 다극화 세계, 후기산업사회, 현대 정보사회라는 각기 다른 용어를 사용하고 있다. 우리는 세계의 드라마틱한 변화의 증인으로서 살아가고 있지만 인류는 그런 변화에 전혀 준비되어 있지 않으며, 우리의 사고는 물질적 변화를 따라가지 못하고 있다. 그러한 변화들로 인해 이전에 이미 시도되었던 방법은 더 이상 적합하지 않으며, 새로운 방법들은 아직 개발되지 않았다.

현재 진행되고 있는 변화의 핵심은 IT 기술과 금융시장의 발달 형태로 인해 사회, 군사, 정치 그리고 경제와 문화가 상호 의존하도록 한다는 것이다. 이러한 변화들이 1990년대 초반의 세계화주의자들이 꿈꾸었던 것처럼 세상이 통합되고 하나가 되며 편리해짐을 의미하는 것은 아니다. 오늘날 자유재량으로 이루어지는 상품, 자본, 정보, 노동의 흐름은 인류의

* 이하르 한차로낙(Ihar Hancharonak): 벨라루스행정아카데미(Academy of Public Administration under the Aegis of the President of the Republic of Belarus) 교수.
* 타츠시아나 프라닉(Tatsiana Prannik): 벨라루스행정아카데미(Academy of Public Administration under the Aegis of the President of the Republic of Belarus) 국제교육협력센터장.
* 아나톨 마라제비치(Anatol Marazevich): 벨라루스행정아카데미(Academy of Public Administration under the Aegis of the President of the Republic of Belarus) 교수.

깊은 계층화와 밀접하다. 계층화는 지역과 사회 모두에서 일어나며 이는 소위 말하는 "실패한" 새로운 국가를 생성했다. 범죄조직, 마약연합조직이나 민간군사기업이 권력을 행사하는 곳에서 완전히 새로운 영역이 생겨났다. 현대 불평등은 선진국에서조차 나타나고 있으며 역사의 지난 행보에서는 찾기 힘든 방식으로 나타난다. 경우에 따라서 불평등은 온전한 생활과 사회의 지속 가능한 재생을 불가능하게 만들며, 이러한 사례들은 최근에 이집트와 레바논 등 다수 국가에서 볼 수 있다.

현대 사회는 자유 선택 접속의 네트워크로 묘사할 수 있으며, 이는 네트워크 개인주의와 통신 프라이버시의 증가로 특징지을 수 있다. 네트워크의 진정한 가치는 단순한 데이터 처리가 아니라 그보다 자발적인 커뮤니티의 발전을 조성하는 데 있으며, 이와 같은 사실은 매우 중요하다.

그러한 측면에서 우리는 다음과 같은 문제들에 직면하게 된다: 어떤 대상에 의해 어떤 목적으로 네트워크 커뮤니티 에너지가 다루어져야 하는가? 그리고 네트워크 구성원의 생각이 범법자에 의해 이용될 위험이 있는가? 이에 관해서는 두 가지 측면에서 생각해 볼 수 있다: 효율적으로 개발된 네트워크는 창의적인 노력의 새로운 플랫폼이 될 수 있는 동시에 파괴적인 시나리오에 의해 위험 요소로 나타날 수도 있다는 것이다. 이러한 면에서 현대 사회를 "네트워크화된 집합체, 산만한 자율관리의 사회"라고 칭한 국외 학자의 주장은 타당하다고 생각된다(Makey, 2012: 55).

그런 관점에서 본다면 정부 신뢰 향상을 위한 성공적인 정부홍보 활동은 매우 중요하며, 앞서 언급한 문제들의 해결 방안을 제공해 줄 수 있다. 이와 관련하여 이 연구에서는 과학 분야에서 언급되고 있는 '스마트한 자기조직화'에 기초가 되는 시너제틱 접근(synergetic approach)[1]을 제시하고자 하며, 이는 좋은 거버넌스가 사회 질서의 척도가 될 수 있음을 보여준다.

---

1) 역주: 자기조직화란 프리고진(Ilya Prigogine)이 발견한 체계로 물리학자들은 열역학적 비평형 상태를 평형 상태에 대한 일시적인 카오스로 보지만 비평형 상태가 자기조직화를 통해 자율적인 질서 창조의 원천이 될지 모른다고 주장함(복잡계 워크숍, 2006. 복잡계 네트워크 지음. 민병원 옮김. 삼성경제연구소. p. 389). 자기 조직화에서 비선형 체제는 체제 자기조직화의 열역학적인 메커니즘은 개방계, 결국 주위의 매질과 부단히 에너지 및 물질을 교환하는 계에 대해서만 '작용'한다. 이러한 성질은 시너제틱스(synergetics)라는 성질과 동일하다(과학 대가설, 2003 야자와 사이언스 오피스 지음. 김교훈 옮김. 가람기획. p. 253).

제 2 절 21세기의 정부 신뢰 구축

신뢰 구축의 문제를 고려할 때 블라인드(P. K. Blind)가 지적한 근본적인 질문들을 떠올릴 수 있다(Blind, 2007). 왜 좋은 거버넌스에서 신뢰가 중요한가? 정부와 직속 부서들, 정치적 대표, 정치적 기관이 좋은 거버넌스를 만들기 위해 어떻게, 어느 수준까지 신뢰를 조성하고 발전시킬 것인가? 신뢰는 세계화로 인해 새롭게 형성된 사회, 정치 그리고 경제와 어떠한 연관이 있으며, 왜 현 시점에서 신뢰를 구축하고 지속시키는 것이 중요한가?

블라인드는 신뢰에 대한 수많은 정의를 제시했다. 신뢰는 복잡한 대인 간 그리고 조직 간 구성물이다. "신뢰는 서로 호의적인 생각을 갖는 집단(party)이 기대하는 성과를 낼 수 있도록 관계를 허용할 때 생성된다." 신뢰하는 사람, 단체나 기관은 "다른 단체들의 행동을 부분적으로나 완전히 감시할 필요나 걱정에서 자유로워진다." 그런 면에서, 신뢰는 사회적, 경제적 그리고 정치적 관계에서 거래비용을 낮추는 효율성의 의미를 가지며, 모든 인적 교류와 기관 간 상호 작용의 토대라는 점에서 그 이상을 의미하기도 한다. 또한 신뢰는 새로운 정책이 발표될 때마다 작용한다.

러시아의 가장 권위 있는 사전 중 하나인『달(Dahl) 사전』에서는 신뢰를 의미하는 러시아 단어 'doverie'를 다음과 같이 정의하고 있다: "신뢰는 감정이나 확신이다; 확실성(reliability)에 대한 확신(confidence)."[2] 이는 신뢰가 러시아어와 영어, 모두에서 체제에 대한 신뢰와 연결되어 있다는 것을 의미한다. 기든스(Anthony Giddens)는 행동적 신뢰(active trust)의 정의를 제시하고, 후기 전통적(post traditional) 사회에서의 신뢰는 개인적인 유대가 상호적인 세계화 체제로 확장되고 있다는 맥락 안에서 발전되어야 한다고 지적했다.[3] 신뢰는 "작용되어야(worked upon)" 하며 신뢰가 발전하기 위해서는 지속적인 소통과 개방성이 요구된다. 행동적 신뢰는 이러한 반사적 과정을 내포하고 있다(Bachmann, 2006: 370).

이 연구에서는 정치적 신뢰의 구조를 중시하는 블라인드의 견해를 따르고 있다. 그는 정치적 신뢰와 사회적 신뢰, 좋은 거버넌스와의 연결에 관심을 가졌는데 이는 우리의 관점과 일치한다(Blind, 2007). 신뢰는 일반적으로 두 가지 주요 변수를 가진다. 정치적 의미에서

---

2) Dahl, V., Thesaurus of Russian Language On-line, "Doverie." Accessible at: http://vidahl.agava.ru/cgi-bin/dic.cgi?p=42&t=6479

3) Collection of on-line dictionaries, "Doverie." Accessible at: http://www.onlinedics. ru/slovar/soc/d/doverie.html

파악한 신뢰로 소위 말하는 정치적 신뢰이다. 정치적 신뢰는 일반적으로 시민들이 정부와 관련 기관들, 정책 입안을 평가할 때, 혹은 정치적 지도자가 공약을 잘 지키거나 효율적이거나 공평, 또는 정직할 때 일어난다. 그러므로 "정치적 신뢰는 공공이 정치 체제에서 느끼는 근원적인 감정의 중심 요소"이다.

정치적 신뢰는 개개인의 현직 정치가들뿐 아니라 정치적 체제나 조직을 향한 것일 수 있다. 정치적 신뢰의 첫 번째 범주는 거시적 수준으로 조직 차원의 신뢰를 나타낸다. 조직 차원의 정치적 신뢰는 시민들이 "정치적 대안들에 대해 만족하거나 불만족하기 때문에" 정부에 대해 신뢰 혹은 불신하게 된다는 이슈 지향적 관점이다. 정치적 신뢰의 두 번째 범주는 소위 말하는 미시적 수준으로 개인의 정치적 신뢰이다. 이는 신뢰가 정치적 지도자 개인에게 향할 때 생성된다. 개인의 정치적 신뢰는 정치적 지도자를 인정하는지 여부에 따라 정부를 신뢰하거나 불신하는 인간 지향적인 관점을 수반한다.

조직과 개인의 정치적 신뢰의 범주화는 신뢰의 목적에서 기인한다. 대중은 각기 다른 동기를 가지고 정치적 기관이나 지도자를 신뢰할 수 있는데, 이때 정치적 신뢰는 합리적 혹은 심리적 추론 모델에 기반한다. 합리적 정치 신뢰는 이익에 기반한 것으로 정부나 정치적 지도자의 활동이 그들의 목표와 일치하는지 평가하여 이루어진다. 그러므로 합리적 정치 신뢰의 신조를 갖는 시민들은 동질감을 느끼는 정치적 정당이나 정치 지도자를 신뢰하는 경향이 있다.

그러나 정치적 신뢰는 당파성과 이데올로기적 지지를 초월한다. 정부에 대한 신뢰 그 자체가 정부 정책에 대한 지지에 중요하고 독립적인 예측 변수가 되었으며 당파심이나 이데올로기보다 중요하다. 심리적 신뢰의 경우 정부, 정치적 기관 혹은 정치적 지도자 개인과 관련된 도덕적 가치나 속성에 관한 평가를 통해 대중들은 정치적 대표를 신뢰할 만하다고 인식한다. 심리적 추론에 근거한 정치적 신뢰에서 대중은 정치적 지도자의 인격, 공개석상 출연, 연설 그리고 행동에서 진정성과 진실성을 찾는다.

정치적 신뢰의 서로 다른 변수들은 상호 포괄적이며 함께 작동한다. 특정 현직자에 대한 신뢰의 부족은 다른 정치적 기관에의 불신으로 전환될 수 있고, 결국 정치 체제 전체에 대한 불신으로 이어질 수 있다. 대중(신뢰자)은 정치적 대표와 기관을 신뢰하는 데 합리적이고 심리적인 정치 신뢰를 결합시킴으로써 그들의 최대 이익과 정치적 엘리트(피신뢰자)의 윤리적 자질에 대한 인식 사이에서 수용 가능한 정도의 균형을 이루려고 노력한다. 민주 제도의 정당성과 지속성은 유권자가 정부가 올바른 일을 하고 있다고 믿는 정도와 정부가 공정하고 효율적이라고 인식하는 정도에 달려 있다.

정치적 신뢰는 불현듯 나타나는 것이 아니며 소통이 없이는 작동되지 않는다. 사회적 신뢰란 시민들이 사회 커뮤니티의 일원으로서 서로를 신뢰하는 것을 의미하며, 정치적 신뢰의 개념과 불가분의 관계이다. 퍼트남(Robert D. Putnam)의 사회자본 이론에 의하면, 시민의 커뮤니티 참여와 일원들 사이의 대인 신뢰는 전체적인 사회 신뢰에 기여한다. 사회적 결사체에서 커뮤니티 일원들은 면대면 접촉을 통해 서로에 대해 더 잘 알게 되며 파생된 타인에 대한 긍정적인 감정은 사회와 정부로 확대된다. 시민 활동에 참여하지 않는 시민들이 정부나 그 기관을 더 부정적으로 바라보는 경향이 있다는 사실은 잘 알려져 있다. 사회적 자본은 정부의 성과와는 별도로, 혹은 그에 따라서 정부 신뢰에 의미 있고 강한 영향을 미친다(Putnam, 2000: 48).

사회적 신뢰와 정치적 신뢰는 상호 배타적이지 않지만, 많은 문헌에서 두 가지 신뢰에 대한 인과의 방향성과 그 관계에 대해 논쟁이 되고 있다. 사회적 자본과 사회적 신뢰를 억제함으로써 정치적 신뢰가 야기되는 것인가, 아니면 그 반대인가? 즉, 신뢰할 만한 정부는 사회적 자본을 조성하고 신뢰를 생성하고 시민사회를 활성화시키는가? 효율적이고 지속적인 정치 체제를 만들기 위해 사회적·정치적 신뢰를 통합하는 방법들은 어떤 것이 있는가? 이 질문에 대해 각각의 학파들은 각기 다른 답을 제시한다: 앨먼드(Gabriel A. Almond)와 버바(Sidney Verba), 피니프터(Ada Finifter)와 같은 근대화 이론가들은 사회적 신뢰의 증가가 특히 투표와 같은 정치적 참여의 증가와 연관이 있다고 주장한다. 결과적으로, 참여가

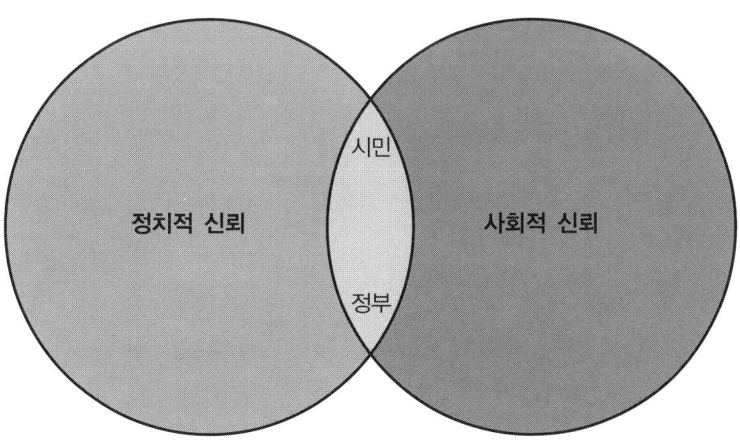

그림 6-1 사회와 국가 사이의 중간 상태로서 신뢰

증가하면 정치적 참여가 증가하고 이는 민주화의 징후로 볼 수 있다는 것이다. 그와는 반대로 사회학자들은 사회적 불신이 증가하면 정치적 개입이 더욱 활발하게 이루어지고 결국 이는 정치적 신뢰를 향상시킬 것으로 본다. 일례로 사회적 저항의 증가로 나타난 사회운동이 있으며, 이러한 대결의 정치(contentious politics)는 산업화된 민주주의 사회에서 신뢰가 작동하는 증거라고 단언한다(Blind, 2007: 6).

제 3 절 글로벌 시대의 신뢰와 거버넌스 간의 연계

신뢰는 좋은 거버넌스, 효과적인 거버넌스를 만들기 위해 어떠한 도움이 될 수 있는가?

세계화는 초국가적이며 다양한 문화에 걸친 인간적·비인간적 활동들에 대한 통합의 원인, 전개, 그리고 결과를 망라하는 과정이며 경제적 통합, 국경을 뛰어넘는 정책의 이동, 지식의 전파, 문화적 안정성, 권력의 재생산, 관계, 담론들을 포함한다.[4] 또한 사회적, 정치적, 경제적, 기술적 변화의 연속을 의미하는 복잡한 개념으로 세계인, 기업 그리고 정부 간의 상호 작용과 통합이 증가하면서 가속된다. 이는 경제, 정치, 사회, 기술의 세계화로 분류할 수 있다.

세계화는 국가의 역할과 기능의 재정의로 이어진다. 이제 국가는 좋은 서비스의 공급자 대신 전략적 기획가가 되어야 한다. 새로운 국가는 재정을 긴축하고 국외와 국내 자본에 적절한 경제적 환경을 제공함으로써 부(富)를 축적해야 한다. 또한 통합과 전문성의 핵심 가치를 받아들이고 다양성을 존중하는 한편 소통과 기술 경쟁에 숙련되어야 한다. 새로운 국가는 정치적 정당성과 책무성을 부여받아야 한다. 시장을 지배하고 투자를 유치할 때는 적극적이어야 하는 한편 규범과 가치, 규율과 상징들과 같은 연성(softer) 변수들도 신경써야 한다. 새로운 국가는 '유능한 국가'여야 한다. 신뢰는 유능한 국가 건설의 필수 요소이다. 유능한 국가는 정의하자면 신뢰 문화를 조성하고 유지하는 데 정진해야 한다. 신뢰 문화는 시민들이 정치적 의사 결정에 영향을 미치는 다소 평등하고 잠재적인 기회를 가진다고 느껴야 한다. 그러한 국가에서 신뢰 문화가 좋은 거버넌스로 귀결된다.

---

4) Nayef, R. & Stoudmann, G., Definitions of Globalization: a Comprehensive Overview and a Proposed Definition. Accessible at: www.gcsp.ch

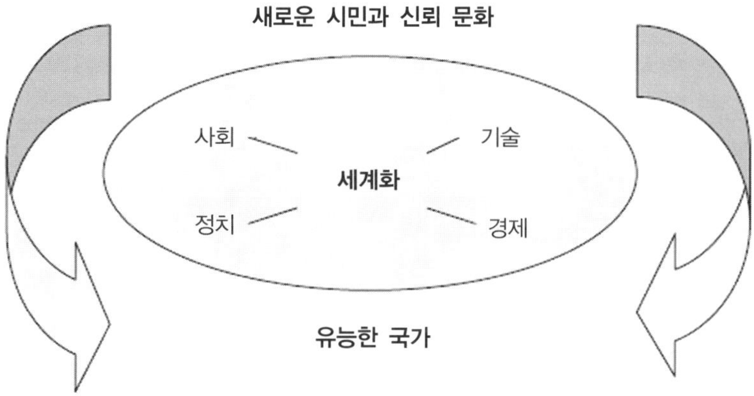

그림 6-2 정부 신뢰와 커뮤니케이션

좋은 거버넌스는 공공문제의 수행, 공공 자원의 관리, 그리고 인권 실현을 보장하는 개방적이고 효율적인 방식으로 설명된다. 좋은 거버넌스는 이러한 목표를 본질적으로 오용과 부패 없이 법규에 따라 이루어야 한다. 사회적 신뢰, 정치적 신뢰 둘 다 좋은 거버넌스의 필수 요소이며 서로를 반영한다: 신뢰는 좋은 거버넌스를 형성하고 반대의 경우도 마찬가지이며 정치적 신뢰는 좋은 거버넌스의 주요 원동력이다. 정부와 현직 정치가들에 대한 높은 신뢰는 모든 시민, 특히 소수자나 사회경제적 · 정치적 측면에서 상대적으로 불이익을 받는 사람들에게 혜택을 준다(Blind, 2007: 16).

제 4 절 정부 신뢰와 커뮤니케이션

한국의 전문가인 박종수와 조광래는 정부에 대한 대중 신뢰의 감소와 정부홍보 활동에서 소셜 미디어의 역할에 대해 심도 깊은 연구를 했다(Park & Cho, 2009). 정부에 대한 대중의 신뢰는 대중의 만족과 정부 성과에 대한 기대 수준으로 결정된다. 정부에 대한 대중 신뢰는 대중이 정부 성과에 대해 얻은 정보를 인지하여 반영하는 것이며, 이는 대중의 기대와 실질적 성과 간의 괴리가 있음을 시사한다. 정부에 대한 대중의 불신은 투명성의 부족, 비효율, 무능, 소외된 정책이 원인이 된다. 정치적, 경제적, 사회문화적 요소들은 대중의 만족 정도를 결정짓는 중요한 요인들이다. 정부에 대한 신뢰의 감소는 정부에 대한 긍정적 평가와 정책 활동에 대한 지지의 감소로 이어질 것이다.

최근 정부에 대한 대중 신뢰는 점점 더 하락하고 있다(2012 Edelman Trust Barometer results).[5] 정치 지도자와 행정가들이 합의를 도출하고, 사회적·정치적 목표를 달성하며, 시민들의 자발적인 순응을 확보하기 위해서는 정부에 대한 신뢰가 매우 중요하다. 대중의 불신이 증가하면 대중들은 정부에 대한 지지를 철회하게 되고 정부의 결정에 동참하려는 의지가 약해질 것이다. 이에 정치가와 행정가들은 더 좋은 평가를 받기 위해 긍정적 성과를 파급하거나 대중과의 접점을 증가시켜 여론 형성을 시도해 왔다.

대중은 때때로 잘못된 정보를 얻거나, 정책 의도를 오해하거나, 정부 성과에 대해 왜곡된 인식을 가진다. 결과적으로, 대중의 오해와 정부 성과에 대한 왜곡된 인식은 대중 신뢰라는 문제 안에 포함되어 있다. 공무원, 공공기관 그리고 시민 사이의 잘못된 의사소통은 정보의 왜곡과 정부 성과에 대한 부정적 인식이라는 결과를 낳을 수 있으며, 대중과의 접촉 부재와 정부에의 제한된 접근은 부정적 인상을 악화시킨다. 그러므로 이는 정부 신뢰라는 퍼즐을 푸는 데 커뮤니케이션이 중추적 역할을 한다는 것을 의미한다.

커뮤니케이션은 두 행위자 간의 메시지 전달 시스템이다. 전형적으로 정부는 그들의 성과에 대한 대중의 인식을 이끌고 창도하기 위해 홍보라는 전달 도구를 사용한다. 홍보의 메커니즘은 뉴스 생산 과정이다. 공무원들은 매스미디어에 뉴스를 보급하고 그들의 메시지를 뉴스 발행, 인터뷰, 기자 회견으로 대중에게 전달한다. 정부의 전통적인 커뮤니케이션은 일방향적이다: 정부는 정부 성과에 대한 정보의 소유주로서 정보를 제공하고 전송한다. 뉴스, 라디오, 텔레비전과 같은 매스미디어는 정보를 수신하고 대중에게 메시지를 전달하는 단순한 기능을 가진다. 그러나 후쿠야마(Fukuyama, 2004: 47)에 의하면, 정보통신기술(ICT)의 빠른 발전은 정보에 대한 국가의 독과점을 붕괴시켰다.

커뮤니케이션이 단순히 정보의 전송을 의미하는 것은 아니다. 정부홍보를 통해 정부에 대한 대중의 신뢰를 회복하는 것은 커뮤니케이션 시스템이 얼마나 시민들을 공공정책 결정의 장에 참여시킬 수 있느냐에 달려 있다. 정부와 대중, 상호간의 대화는 정보 불균형을 완화시키고 정부의 성과를 바라보는 태도를 긍정적으로 변화시킬 것이다.

일방향 커뮤니케이션이 정보의 제공을 강조하는 반면, 쌍방향 커뮤니케이션은 정부와 대중 사이의 상호 이해에 초점을 맞춘다. 일방향과 쌍방향 커뮤니케이션 중 무엇을 선택하느냐에 따라 정보 불균형의 정도가 정해지고 정부에 대한 대중의 신뢰에 영향을 미친다. 일방

5) 2012 Edelman Trust Barometer. Accessible at: http://trust.edelman.com/trustdownload/global-results/

향 커뮤니케이션은 정부에 대한 대중 신뢰의 지속적인 감소라는 난관에 봉착해 있다. 민관 파트너십이 증가하면서 행정은 정부와 시민의 상호 작용이 중요하다는 것을 포착했다. 정부는 전통적인 일방향 커뮤니케이션에서 정보와 의사 결정의 중심이었으나 공공 서비스 전달을 위해서는 협력이 필요함을 절감하기 시작했다. 또한 대중의 힘과 영향력이 증가함에 따라 원활한 공공 정책의 수행을 위해 시민의 소리에 귀 기울여야 한다는 것을 알게 되었다(Park & Cho, 2009: 6).

정보통신기술이 발전함에 따라 정부는 대중의 소리를 경청하고 대중과의 소통에 더욱 노력을 기울이게 되었다. 정보의 독과점은 무너졌으며, 결국 전통적 커뮤니케이션 방식은 더 이상 효과적으로 작동하지 않게 되었다. 이러한 변화로 인해 정부홍보 종사자들은 홍보 전달의 대안 방법을 개발하게 되었다. 홍보의 흐름은 대중을 설득하는 일방향적 방식에서 상호간 소통을 강조하게 되었고, 그 결과 정부홍보 활동의 전략은 정부와 시민 사이의 양방향 소통을 조성하는 것으로 변화했다.

Web 2.0과 특히, 소셜 미디어의 급속한 발전은 사람들의 모든 생활 양상에 영향을 미쳤으며 정치 영역 또한 영향을 받을 수밖에 없다. 블로그와 개인 사이트는 정부와 대중, 양측의 피드백을 허용하는 공간으로서 민주화되었고 커뮤니케이션을 단순화시켰다. 오늘날 수많은 이용자가 가장 최근의 정보를 얻기 위해 블로그와 소셜 네트워크에 의지하고 있다.

Web 2.0은 인터넷이 강력한 미디어로 부상하고 공공 조직과 민간 조직이 그들의 대중과의 대화를 추구하는 과정의 결과로서 대두되고 있다.

멀티미디어에서 Web 2.0의 업적은 잠재적이고 무한한 수용자들, 즉 사실상 모든 사람에게 생생한 정보를 전달할 기회를 만들었다. 스콧(D. Scott)은 오늘날 정보의 영역은 새로운 법률에 의해 규제받고 국가가 발행하는 인쇄된 형태의 PR은 더 이상 대중을 세뇌시킬 수 없다고 주장했다. 이후 몇 년간 대중 매체가 우세했으며 인터넷은 매스컴의 관심을 PR로 돌려놓았다(Soctt, 2011: 28). 소셜 미디어는 수용자들이 미디어에 의존하지 않고 직접 PR할 수 있는 특별한 플랫폼을 만들었다.[6)]

소셜 미디어는 이전의 PR 채널에서는 수용할 수 없었던 이용자들까지 수용한다. Web 2.0의 주요 이점은 직접적인 상호 작용의 환경을 만들고 시민 참여를 촉진시키는 것이다. 소셜 미디어에서 시민들의 피드백은 정치가들로 하여금 높은 수준의 정체성과 책임감을 느끼게 한다는 면에서 전통적인 e-communication 채널과 확연히 구별된다. 현재 정부는 대중들과

6) '소셜 미디어'라는 표현은 모든 종류의 인터넷 Web 2.0 개체들 - 블로그, 소셜 네트워크, 데이터 교환 서비스, 뉴스 사이트 등 - 을 설명하는 일반적인 개념이다.

직접적인 상호 교류를 위해 인터넷 자원을 활발하게 이용하고 있다. 상호 교류는 양방향 절차이며 시민들도 정부에 동등한 수준으로 영향을 미치게 되었다. 중요한 것은 어떠한 피드백을 하느냐가 아니라 영향력을 미칠 수 있다는 가능성 그 자체이다.

오늘날 러시아 연구자들은 왜 의사결정자들이 블로그와 소셜 네트워크를 시작하는지에 대한 명백한 이유들이 많이 있다고 지적한다(Filatova & Shabanova, 2011).

첫째, 피드백이 적절히 이용되었을 때 사람들의 충성도는 증가하고 그들이 받은 정보를 신뢰하기 시작한다.

둘째, 소셜 미디어는 여론을 형성하거나 명성을 쌓고 관리하기에 좋은 도구이다. 정치인들은 단순히 Web 2.0을 이용하는 것만으로도 관료가 가지고 있는 문서주의자(red-tapist)[7]와 같이 시대에 역행하는 왜곡된 이미지를 바꾸고 향상시켰다. 정치가들은 인터넷 상의 대중을 통해 자신들이 시대에 뒤떨어지지 않는지를 확인할 수 있으며 잠재적 유권자들 사이에서 지지자들을 이끌어낼 수도 있다.

그렇다면 정부는 어디까지 개방을 허용할 것인가에 대한 문제가 생길 수 있다. 개인의 문제를 다룰 때는 정부와 대중 사이의 거리를 유지해야 할 필요가 있는데 그렇지 못할 경우 정부의 권한은 약화될 수 있다. 반면 블로그에 지나치게 공적인 글만 올린다면 인터넷에 떠도는 쓸데없는 정보와 다르지 않다.

인터넷과 블로그는 특히 국가의 주요 의사결정자들이 활발히 이용하는 수많은 커뮤니케이션의 채널 중 하나로 존재한다. 문제는 정치가들이 인터넷을 그들의 아이디어를 전달하고 영향을 미치기 위해 이용하는 것이 아니라 궁극적으로 이것을 어느 수준까지 적용할 것인가이다. 결국 이것은 개인의 관리 방식과 G2B[8] 커뮤니케이션의 문제이다. 누군가는 인터넷에 열중하는 한편 누군가는 TV 커뮤니케이션에 익숙하기 때문이다.

국가 경영자들은 의무와 책임을 다해야 하며 블로거(blogger)가 되는 것은 자유 선택이다. 만약 블로그를 통해 시민 서비스에 할 말이 있고 그의 업무를 공유하고자 할 때 다른 이용자들이 관심을 가진다면 그의 평판을 높이는 기회를 얻을 것이다. 그러나 의무적으로 만들고 올린 정보가 쓸모없거나 공식 문서와 홍보 자료의 반복이라면 블로그로 인해 그의 평판은 하락할 것이다.

블로그의 디자인과 주제의 범위는 블로그의 인기에 직접적인 영향을 준다. 정치가들의 책임에 초점을 맞춘 "보고서(report)" 형식의 블로그는 댓글이 가장 적게 달린다. 글쓴이가

7) red-tapist는 문서 작성을 하는 관료를 지칭.
8) G2B(government to business): 국가기관과 기업체 간의 거래.

직접적으로 개입되지 않았을지라도 사회적으로 중요한 사건을 다룬 포스트가 많은 반응을 얻는다. 결국 보고와 개인적 견해 그리고 분석을 겸비한 블로그에 가장 많은 댓글이 달리며 개인적 의견이 많을수록 이용자들이 더 많은 관심을 보인다. 블로그가 얼마나 자주 업데이트되는지와 구독자의 수도 연관이 있다. 그러므로 매주 한 번씩 게시물을 올리는 블로그는 한 달에 1~3번 게시물을 올리는 블로그에 비해 구독률이 열 배 이상 높아진다(Flatova & Shabanova, 2011). 또한 피드백은 정부 공무원들이 쓴 블로그에서 매우 중요한 기능을 한다.

일반적으로 의사결정자들은 블로깅에서 다음과 같은 일상적인 실수를 한다. 정보를 올릴 때 지나치게 공식적인 태도와 형식을 취하거나 규정에 의해 의견을 제한하고 토론을 건너뛰며 결국에는 그들의 포스트를 거의 업데이트하지 않는다. 또한 진정으로 국가에 대한 책임을 가지며 그의 평판에 대해 신경을 쓰는 공무원이라면 블로그나 소셜 네트워크와 같은 비형식적인 방법을 통해 소통할 때도 그가 하는 말과 그의 행보가 개인적인 관점이 아닌 국가의 일반적인 입장으로 해석될 수 있음을 명심해야 한다.

벨라루스의 정치인들 사이에서 블로그는 러시아처럼 인기를 얻고 있지는 않다. 메드베데프(Dmitri A. Medvedev) 대통령이 집무실에서 광범위하게 이용했던 e-resource의 블로그 "kremlin.ru"는 매달 1.5~2백만 명이 방문했으며 첫 방문자 수는 20만 명이었다. 블로그는 많은 이용자를 모았을 뿐 아니라 대통령의 포스트에 대한 생생한 토론의 플랫폼을 만들었다. 대부분의 댓글은 20~40세(53%) 연령의 사람들이 남겼으며 40~50세의 많은 사람도 댓글을 달았다. '20세 이하'의 집단은 4% 정도밖에 안 되었으나 이는 극히 자연스러운 일이다. 그 정도의 젊은 연령대의 사람들은 나이가 많은 시민들에 비해 정치에 관심이 없기 때문이다.[9]

벨라루스의 경우 소셜 네트워크가 거의 사용되고 있지 않으며 단지 공식적인 표명을 위해 만든 공공시설물과 같은 것이었다. 권한에 의한 소셜 미디어의 적용은 포괄적이고 성공적인 과정이라고 할 수는 없다. 오직 제한된 수의 블로그들만 정부나 관계 부처들의 평판을 높였다. 소셜 미디어의 이용 사례로 출입국위원회(State Border Committee)의 트위터(twitter)와 페이스북(facebook)이 있다. 트위터 계정은 국방부, 내무부, 외무부, 조세부, 체육관광부, 문화부 등에 의해 만들어졌다.

9) State in Internet. Features of Content and Attendance of Official Sites and Blogs in Russia.On-line Conference of D.Demchenko (in Russian). Accessibleat: http://www. raso.ru/conferences/conference188.html

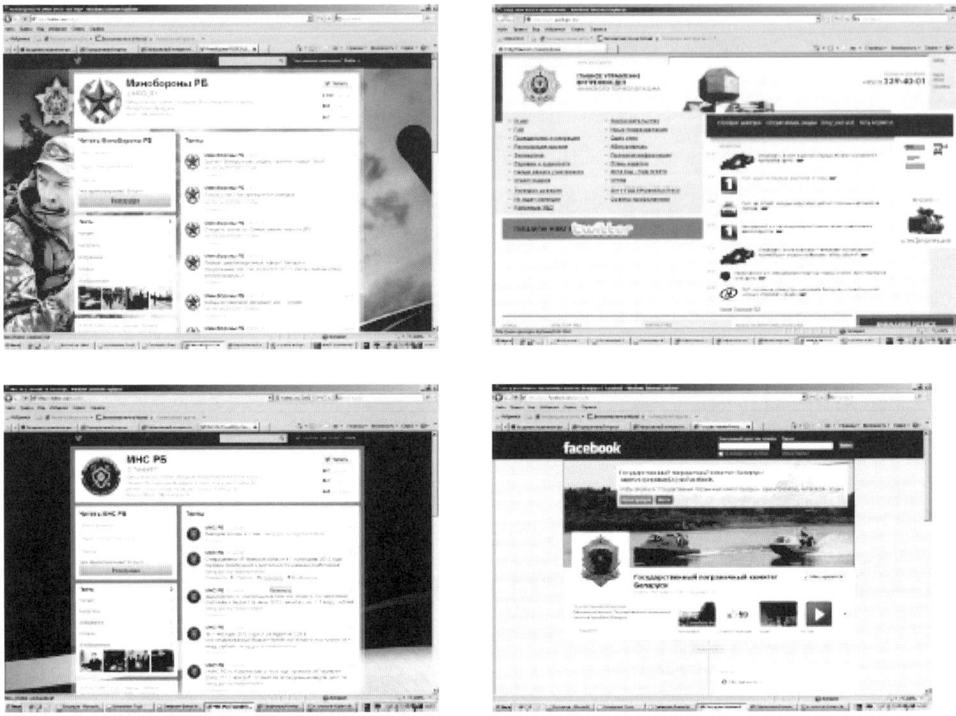

그림 6-3 출입국관리위원회의 트위터와 페이스북

제 5 절 벨라루스의 미디어 구조 개혁

현재 벨라루스에서는 주요 국가 출판물을 만들기 위해 미디어 구조를 개혁하려고 노력하고 있으며, 궁극적으로는 두 개의 매체로 좁혀질 것이다. 첫 번째 매체가 공공과 정치 목표에 초점을 맞춘다면, 두 번째 매체는 문화 분야에 집중할 것이다. 이를 통해 창의적 잠재력은 집결하고 경제 활동은 최적화시킬 것이다.

인쇄물과 가상의 것 모두에서 고품질 정보의 생산은 미디어 개혁의 결과로 볼 수 있다. 그러한 정보의 생산으로 인해 개방된 대화가 가능해지고 타깃 그룹의 구독자가 확대될 것이다. 또한 일상 문제들을 내부 평가와 시민 참여를 통해 해결할 수 있도록 하는 기초가 될 것이다. 인터넷 이용자를 포함하여 구독자들과 수용자는 지구촌에 무슨 일이 일어나고 있는지 명확하게 이해해야 하며, 현재 국가의 일들을 고려하여 해외에는 그들에게 어떤 기회가 있는지 알아야 한다(Makey, 2012: 57).

커뮤니케이션은 정부의 이미지를 구축하는 데 중추적 역할을 한다. 잦은 접촉, 정보와 대화의 질과 양, 발신자와 수신자 사이의 감정적 거리는 조직 행태와 성과에 미치는 커뮤니케이션의 영향 정도를 결정한다. 정부는 홍보활동을 통해 대중의 정서에 영향을 미침으로써 폐쇄적이고 무능력한 정부라는 부정적 이미지를 개선할 수 있다. 정부 성과에 대한 대중의 생각이 대중의 태도와 관련이 있으므로 정부는 긍정적 성과를 효과적으로 홍보하여 개방적이고 대응적 정부라는 바람직한 이미지를 구축할 수 있다.

제 6 절 정보통신기술의 활용

새로운 기술은 커뮤니케이션의 혁신을 의미하며 정부가 더 많은 대중에게 다가갈 수 있게 해 준다. 정부는 전자 설문과 여론조사(polls), 전자 투표 등과 같은 정보 수집과 의견 수렴을 위한 새로운 도구를 창출할 수 있는 기회를 극대화해야 한다.

전자정부(E-goverment)는 더 나은 상호 커뮤니케이션과 업무 시스템을 위한 전략을 추구할 수 있는 훌륭한 도구가 될 수 있다.

벨라루스의 대통령인 루카셍코(Aleksandr Lukashenko)는 시민과 기업에 폭넓은 전자 서비스(e-service)를 제공하고 정부 역할 수행에 유익한 상호 원칙들을 소개하는 정보화를 발전시킬 것을 정부에 의뢰했다. 대통령은 그러한 업무에 대해 2010년 4월 20일에 연두교서를 통해 벨라루스 시민들과 의회에 표명했다.[10)]

이러한 맥락에서 본다면 전자정부가 G2C(Government to Customer)의 기초를 형성하는 주요 구성 부분 중 하나라는 것은 매우 중요한 일이다. 벨라루스는 전자정부 시스템의 개발을 최우선으로 하고 있다. 2001년에는 2003~2005년을 위한 벨라루스 공화국의 정보화에 대한 국가 프로그램이 출시되었고, E-government라는 하위 프로젝트와 함께 2010년까지 수행되는 장기 프로젝트인 E-Belarus가 시작되었다. 107 프로젝트는 이 하위 프로그램의 틀 안에서 수행되었다. 기업 등록과 보건, 교육과 공식 회담 영역의 서비스 절차도 전자서류로

---

10) Annual Address to the Belarusian people and the Parliament of the President of the Republic of Belarus A. Lukashenko on April 20, 2010. Accessible at: http://www. president.gov.by/press10256.html

바뀌는 등, 프로젝트에는 공공단체들 사이의 부서 간 상호 교류도 포함되었다.

벨라루스에서 정보통신기술의 수준은 지속적으로 발전했다. 2012년 UN이 발표한 정보통신 기반시설 발전 수준에 관한 최근 순위를 살펴보면 벨라루스는 48위를 차지했고, 전자정부 준비지수에서는 68위(193 국가 중)를 차지했다. 2008년과 비교하면 84위에서 48위로 상승한 것이다. 한편 러시아는 63위에서 30위로, 카자흐스탄은 91위에서 78위로 상승했다. 이를 통해 지난 2년간 관세 동맹국 중에서 벨라루스가 정보통신 기반시설에서 가장 큰 발전을 했다는 것을 알 수 있다. 그러한 결과들을 보면 벨라루스는 시민과 기업, 정부가 필요로 하는 정보의 증가, 전자 서비스 제공을 위한 적합한 환경 조성, 공공정보 자원을 구축하고 자유 열람하도록 하는 것에 만족할 만한 성과를 거두었다. 또한 벨라루스를 포함한 관세 동맹국이 참여하는 공동 경제 구역은 경쟁에서 상당한 우위를 차지하고 있다는 것이 입증

표 6-1 2012년 E-government 발전 수준 세계 순위

순위	국가	지수
1	대한민국	0.9283
7	스웨덴	0.8599
15	스위스	0.8134
20	에스토니아	0.7987
21	오스트리아	0.7840
25	슬로베니아	0.7492
27	러시아	0.7345
29	라트비아	0.7333
31	헝가리	0.7201
38	카자흐스탄	0.6844
42	리투아니아	0.6604
46	체코 공화국	0.6491
47	폴란드	0.6441
60	불가리아	0.6132
61	*벨라루스*	0.6090
62	로마니아	0.6060
68	우크라이나	0.5653
69	몰도바	0.5626

Source: The United Nations E-Government Survey 2012: E-Government for the People.[11)]

되었다(Marazevich, Hancharonak, & Prannik, 2012: 230).

벨라루스의 2015년까지의 정보사회 발전 전략은 2010년 8월 9일 부령 #1174에 의해 수렴되었다. 전략의 목표는 국가의 ICT 발전을 장려하는 것이었으며 행정 영역에서 수행했다. 벨라루스에서 시민과 기업에 개방적이며 고품질의 e-service를 제공하는 시스템을 향상시키고 장려하는 것이 E-government 발전의 주요 목표이다.

이러한 방향으로 이미 많은 단계가 시작되었으며, 특히 많은 자원이 연결된 공동 e-service 포털이 시작되었다.[12] 포털은 이용자 신분을 요구하지 않는 많은 서비스를 제공하며 이미 시민과 기업들이 이용 가능하다. 또한 2015년까지 e-service 포털에 e-service의 기본 목록을 올리도록 요구하는 규정들이 발표되었으며, 최근에는 대통령 법령에 의해 e-service 장려를 위한 특별 조직을 구축하기 시작했다(Marazevich, Hancharonak, & Prannik, 2012: 231).

컴퓨터에 기반한 상호 교류는 표현을 주저하는 시민들이나 다른 의견을 듣고자 하는 시민들에게 도달할 수 있다. 오늘날 강화된 기술을 가진 국가는 시민들이 인터넷에서 자유롭고 개방적으로 의견을 교류하고 공유할 수 있는 참여의 가상 모델을 고안할 수도 있다. 또한 강화된 컴퓨터 기술은 시민들이 정치적 대표자들에게 더욱 손쉽게 접촉할 수 있게 하며, 그들의 행위에 책임을 느끼도록 한다. E-government로 인해 공무원들은 인터넷에 그들의 성과에 대해 정기적으로 자세한 정보를 올리게 되었다. 그 때문에 E-Participation과 E-government는 정부와 시민 사이의 정보 불균형을 감소시킬 뿐만 아니라 시민 참여와 공무에 대한 관리를 요구함으로써 투명성과 공공 신뢰를 증진시킨다.

그러나 전자 커뮤니케이션은 다른 자문 도구를 대체하는 것이 아닌 보완하는 것이며 모든 정책 사안에 적용되지 않는다. 더 나아가서는 모든 시민이 인터넷에 쉽게 접근하는 것은

---

11) Accessible at: unpan1.un.org/intradoc/public/.../un/unpan048065.pdf

12) 2010년 e-type 정부 활동으로의 전환을 목표로 하는 공동 e-service 포털이 공공 단체들의 업무 실행에 점차적으로 도입되었다. 공동 e-service 포털은 2011년부터 역할을 하기 시작했고, 다음의 정보들에 접근할 수 있게 했다.
- 3개의 기본적 공공 정보 자원들: 내무부(여권); 국립토지부(부동산 등록제); 법무부(법인과 개인 사업 등록)
- 11개 공공 정보 자원들: 국립은행, 교육부, 문화부, 내무부, 교통부, 농림부, 세무부, 국가자산위원회, 재정부

현재 117개의 무료 e-service(등록이 필요 없는)가 포털에서 가능하다. 서비스들은 각 부의 특성(예를 들어, 부서나 생활환경 같은)에 따라 레지스트리가 구성되었고, 포털 홈페이지는 다른 사이트/포털들의 링크 목록들을 제공한다.

포털은 43개의 조직과 은행이 이용자로 등록되어 있고 등록 지원을 신청한 14개의 조직들이 있다. 2011년에는 250,000명의 이용자가 방문했다.

아니다. 전자 커뮤니케이션에 너무 의존한다면 위급하게 도움이 필요하거나 전자 커뮤니케이션의 영향을 받지 못하는 사람들이 배제될 수 있다. 정부는 정보 격차의 간극을 메우고 시민들이 전자 커뮤니케이션에 필요한 경우 접근을 할 수 있고 이용할 수 있는 기술을 갖추도록 해야 한다. 또한 커뮤니케이션과 상담의 전통적인 방식인 포커스 그룹, 심도 깊은 대화, 주민 회의(town hall meeting), 설문을 지속적으로 이용하고 발전시켜야 한다.13)

제 7 절 변화하는 시민 서비스

이 시대의 시작은 행정 영역에 많은 개혁과 변화, 참신함을 가져왔다. 주된 관심은 국가의 복잡한 문제들을 해결하는 방법을 추구하면서, 국가 구조의 효과성과 유용성, 국가 조직의 안정성, 전문성과 책임성을 향상시키는 것이었다. 공무원 교육은 행정을 발전시키고 정부 및 자치단체의 목표를 확실하게 수행하는 것을 목적으로 하는 공공 업무 훈련에서 지속적인 정책을 강화하는 위한 방법 중 하나이다(Chlivicas, 2008: 49).

공무원들에게 동기를 부여하고 몰입하도록 하며 새로운 환경을 위한 기술을 습득하도록 도우려면 국가는 교육에 초점을 맞추어야 한다. 최근 한국행정연구원(KIPA)과 협력하여 개발한 벨라루스의 E-government 석사 학위 프로그램 모델은 EU가 계획한 "Eastern Partnership" 국가들에서 긍정적인 반응을 얻고 있다.

제 8 절 결론

이 연구는 2005년 로테르담에서 열린 공공거버넌스위원회의 각료급 회의에서 발표된 중요하면서 시사성을 갖는 선언으로 결론을 맺고자 한다. 많은 국가는 정부에 대한 시민의 신뢰를 강화하기 위해 고심한다. 그러나 공공 신뢰는 다면적이며 복잡하기 때문에 정부는 다양한 방법을 시도해야 한다.

---

13) Strengthening Trust in Government: What Role for Government in the 21st Century? Conclusions of a Meeting of the Public Governance Committee at Ministerial Level, Rotterdam, The Netherlands, November 28, 2005.

정부와 시민들 사이의 신뢰는 민주적 규약과 효과적인 정책들, 건강한 민주주의 그리고 경제 활성화를 위한 필수 전제 조건이다. 대중 신뢰는 시민들이 정부가 공익을 보호하고 제공할 것이라는 확신이 있을 때 달성된다. 그러한 확신은 정부가 합의했는지가 아닌 정부가 그렇게 했다는 시민의 인식에 기반한다. 그러므로 신뢰는 끊임없이 강화되고 보강되어야 한다. 축적된 신뢰가 정부의 개혁 '투자'에 '자본'이 된다는 것은 명백하다.

신뢰가 감소한다면 규율과 규제를 발표하고 수행하기가 더 어려워질 것이며 대중의 순응 정도도 낮아질 것이다. 특히, 대중 신뢰가 부족할 경우 장기적 관점에서 이익을 얻을 수 있는 개혁과 정책임에도 시민들은 단기적으로 부정적 인식을 가질 수 있기 때문에 수행하기 어렵다.

정치 지도자들과 정책 입안자들이 성공적으로 신뢰를 구축하고 유지하려 한다면 많은 도전을 할 필요가 있다. 이러한 도전들은 정부의 정치적 그리고 행정적 수준과 연관되며 정부가 어떻게 시민들과 소통하는지, 시민 자신들이 무엇을 기대하는지, 그리고 정부가 약속한 결과를 보여줄 수 있는지를 포함한다.

'좋은 거버넌스'는 대응성, 책임성 그리고 정당성으로 설명될 수 있다. 대응하는 정부는 시민들을 의견을 경청하고 그들의 필요와 기대를 반영한다. 책임감 있는 정부는 공정하고 포괄적이며 법률을 존중하고 다수의 이익을 위해 일하며 미래 세대가 부당한 대우를 받지

현대적 정부	전통적 정부
유연성	통제
혁신	일관성
결과에 기반한 책임	전통적 책임
지식에 의한 관리	규율에 기반한 관리

그림 6-5 현대적 정부와 전통적 정부: 적절한 균형 찾기[14)]

14) Strengthening Trust in Government: What Role for Government in the 21st Century? Conclusions of a Meeting of the Public Governance Committee at Ministerial Level, Rotterdam, The Netherlands, November 28, 2005.

않도록 중장기적으로 내다봐야 한다. 정당한 정부는 시민의 신뢰를 받을 만한 정부이다.

대중의 신뢰를 얻고 유지하는 것은 현재 진행형의-그러나 정부가 정책들을 성공적으로 수행하기 위해 정부가 직면해야 하는-문제이다.

시민들과의 쌍방향 소통은 효과적 정책 형성과 수행을 위해 신뢰를 강화하는 것만큼 필수적인 것이다. 새로운 기술들은 커뮤니케이션을 위한 혁신적인 방식을 제공해 줄 수 있지만 그것들은 전통적 방식의 대체가 아닌 보완이다. 광범위(예를 들면, 설문이나 여론조사와 같은)하고 더욱 집중된(예를 들면, 포커스 그룹과 같은) 커뮤니케이션 노력뿐 아니라 시민사회 조직과 이익집단과의 대화와 같은 주도적이고 다면적 접근은 매우 효과적이다. 따라서 자문활동의 결과를 매우 신중하게 고려하는 것이 중요하다. 또한 정부는 대중에게 결과에 따른 위험 요소들과 불가피한 상충을 설명하고 분명하게 전달하는 것이 중요하다.

정보에 대한 쉬운 접근, E-governance의 방식, 서비스의 효율적 전달, 면대면 접촉, 그리고 불신을 신뢰로 전환하는 창조적이고 효율적 방법들은 정부 신뢰를 상승시킬 수 있는 도구들이다. 대중 신뢰를 구축하고 강화하는 것은 모든 정부에게 대단히 중요한 목표이다. 전문가들에 의하면 이러한 목표는 ① 좋은 정부와 효율적인 공공 서비스의 주요 요인의 개발을 포함하는 개혁의 결과를 평가하는 것, ② 개방적이고 포괄적인 정책 입안, 투명성의 증가와 더 나은 정책을 위해 시민들을 참여시키는 것, ③ 위험 의식의 향상, 공공 부문의 평가와 관리, ④ 분권화 맥락 안에서 정부 수준 간 더 나은 관계 형성 등과 같은 노력을 함으로써 달성될 수 있을 것이다.

제 7 장 결언: 4개 사례의 시사점과 한국 정부의 쌍방향 커뮤니케이션

제1절 4개 사례의 시사점
제2절 한국 정부의 쌍방향 커뮤니케이션

제 7 장 결언: 4개 사례의 시사점과 한국 정부의 쌍방향 커뮤니케이션

제 1 절 4개 사례의 시사점

2012년의 '정부 신뢰 제고를 위한 PR 개선 방안' 세미나에서는 쌍방향적 정부 PR 형태, 그것을 가능하게 하는 새로운 매체, 그리고 그것이 정부 신뢰를 제고하는 데 효과적으로 활용되기 위한 PR 주체의 새로운 역할 등이 논의되었다. 이 책은 주요국의 사례들로서 미국, 일본, 러시아, 벨라루스의 정부 PR을 쌍방향 커뮤니케이션의 관점에서 다루었다. 각국의 사례를 통해 공통적으로 알 수 있는 점은 쌍방향 커뮤니케이션은 정부 신뢰를 제고하기 위한 정부PR의 중요한 수단이라는 것이다. 또한, 정보통신기술의 발달로 정부 PR을 위한 쌍방향 커뮤니케이션의 가능성이 더욱 확대되었다는 점이다. 정보통신기술의 발달로 국민이 정부와 대등한 관계에서 정책 사안에 대해 의견을 교환하고 협상할 수 있게 되었기 때문이다. 국가별 기술의 차이는 있으나, 정보통신기술이 쌍방향 커뮤니케이션을 활성화함으로써 정부 신뢰 제고에 기여할 것이라는 전문가들의 전망은 공통적이라 하겠다. 다만, 정보통신기술을 활용하는 PR 주체의 윤리성이 담보되어야 한다는 로완의 경고나, 정부PR에서 소셜 미디어 활용의 신뢰성 증진을 위해 기타무라가 제시한 다양한 방안은 한국 정부의 PR 주체도 염두에 두어야 할 점이다. 이와 같은 해외 사례의 시사점을 바탕으로 이 장에서는 한국 정부의 PR이 정보통신기술 활용을 통해 쌍방향 커뮤니케이션을 달성하고 있는지 검토해 보고자 한다.

---

* 서원석(한국행정연구원 선임연구위원).

제 2 절 한국 정부의 쌍방향 커뮤니케이션

1 정보통신기술을 활용한 정부PR 행위의 원칙

한국 정부가 정책 홍보에서 SNS를 활용하는 것은 정보통신기술을 활용한 정부PR의 대표적인 예이다. 장, 차관급의 66.2%(2012년 현재)가 SNS를 사용하고 모든 부처가 트위터, 페이스북 등 1개 이상의 SNS를 통해 국민과 소통하고 있기 때문이다 (송희준 · 조희정, 2013). 이와 관련하여, 우리나라 정부는 2011년 7월에 SNS를 대국민 소통 창구로 적극 활용하는 방안을 국무회의에서 논의하고, 구체적으로 공직자가 SNS를 활용할 때 지켜야 하는 가이드라인으로 '공직자 SNS 사용 원칙과 요령 방안'을 마련하여 전체 공직자들에게 공지한 바 있다.

'공직자 SNS 사용 원칙과 요령 방안'은 SNS 플랫폼별 특성과 그에 상응하는 세부적인 활용 방법을 제시하여 정부 관계자의 SNS 활용의 책임성과 효율성을 높이는 것을 목표로 한다. 공직자가 SNS를 사용하는 10가지 기본 원칙은 다음과 같다.

- 메시지 내용에 대한 책임감
- 콘텐츠의 공론화 가능성에 대한 고려
- 공공기관 관련 기밀 유지
- 신분을 밝히되 개인적 의견 표명 금지
- 수용자를 존중하여 차별적 발언 · 모욕 · 욕설 금지
- 콘텐츠와 정책 및 업무와의 일치성 고려
- 솔직담백한 이야기와 경험을 바탕으로 친밀감과 공감대 형성
- 업무에 대한 정확한 정보 제공으로 신뢰 구축
- 국민의 입장에서 정책을 다룬 글을 게시하여 기관 홍보 가치 창출
- 텍스트 이외에 동영상, 이미지 등의 다양한 형태의 메시지 개발

(자료: 문화체육관광부, 2011: 5-10)

이와 같은 10가지 원칙 이외에도 '공직자 SNS 사용 원칙과 요령 방안'은 트위터와 미투데이와 같은 정보지향성 SNS 활용 시에는 메시지 내용의 정확성과 표현 방식 위주의 세부

지침을 제시하고, 페이스북과 싸이월드와 같은 관계지향성 SNS를 사용할 때에는 개인과 부서의 이미지 형성과 정체성 표현, 우호적이고 지속적인 관계 유지를 위한 교류 방식 등에 대해 조언하고 있다.

SNS 사용자의 급증으로 정부PR의 환경이 변화함에 따라 공직자 SNS 활용의 파급력이 막대하기 때문에 공직자가 SNS를 효과적으로 사용할 수 있도록 이와 같은 가이드라인을 마련한 것은 의의가 있다. 반면, 가이드라인의 내용을 통해 볼 때, 여전히 쌍방향 커뮤니케이션에 기반한 정부PR이 원활하지 않음을 알 수 있다. 10가지 원칙이나 세부 지침은 주로 '어떤 메시지를 어떻게 전달할 것인가'에 치중되어 있으며, 이는 곧 일방적 커뮤니케이션에 기반한 전통적 PR의 주된 관심사이다. 관계지향성 SNS 사용지침도 공중과의 우호적 관계맺기를 위한 기술적이고 전략적인 내용에 치중하고 있고, 쌍방향 커뮤니케이션에 기반한 정부PR의 구체적 가이드라인을 제시하고 있지는 못하다.

2 정보통신기술을 활용한 정부PR 현황

SNS를 활용한 우리나라의 정부PR이 아직 실질적으로는 쌍방향 커뮤니케이션에 이르지 못하고 있다는 것은 사용 실태에 대한 분석을 통해서도 알 수 있다. 송희준 · 조희정(2013)은 2012년 47개 정부 부처의 SNS를 활용한 PR을 개방, 참여, 공유 측면에서 분석한 바 있다. 개방은 국민과 접촉할 채널의 개설도와 적극적 사용 정도를 측정하는 개념이고, 참여는 정부의 채널 개설이 일방적인 정보 제공에 머무르지 않고 국민의 관심을 획득하는 정도를 의미한다. 마지막으로 공유는 정보 흐름의 연결도를 측정함으로써 서비스 방식의 공유 정도를 평가하는 개념이다. 개설도는 쌍방향 커뮤니케이션을 위한 물리적 인프라가 될 수 있으며, 연결도는 생산된 정보의 확산을 통해 참여를 확대하는 통로이다. 이들은 쌍방향 커뮤니케이션을 지향하는 정부PR의 핵심인 참여도를 높이기 위한 기반이 된다(송희준 · 조희정, 2013).

송희준 · 조희정(2013)의 연구에 따르면, 우리나라 정부 부처의 경우 93% 이상이 SNS 채널을 개설하고 있어 쌍방향 커뮤니케이션을 위한 물적 기반은 마련되어 있다. 반면, 47개 기관 중 10개 기관이 SNS를 통해 친밀하고 적극적인 소통을 통해 참여를 높이는 방안을 모색하고 있지만, 나머지 기관은 참여도가 낮고 의례적인 정보를 제공하거나, 관리가 미흡한 것으로 나타났다. 또한, 47개 기관 가운데 참여를 독려하고 정보를 공유하기보다는 특정 수

요자를 대상으로 지속적으로 정보를 생산하는 데 치중하는 기관이 50% 이상인 것으로 나타났다.

3 결론

국정 운영에 대해 정책 대상과 폭넓은 소통을 활성화하고 다양한 이해 관계자의 정책결정 과정 참여를 높이기 위해서는 지금까지 구축된 쌍방향 커뮤니케이션의 물적 토대를 바탕으로 기술적 관리 이상의 제도적·행태적 변화가 필요하다고 볼 수 있겠다. 이를 위해서는 우선적으로 각 기관 내부에서 정부PR을 위한 SNS 사용에 대한 공감대가 형성되어야 하며, 정책 환경의 변화에 상응하는 온라인 홍보 인력의 역량이 강화되어야 할 것이다. 그뿐만 아니라, SNS 활용 능력과 모바일 환경에 적극적으로 대처하는 역량을 가진 홍보 전담 부서와 정책에 대한 전문성과 책임성을 가진 정책 전담 부서 간의 유기적인 협업이 가능하도록 중장기적인 지원이 이루어져야 한다. 이러한 환경이 조성되어야 실질적 쌍방향 커뮤니케이션에 기반한 정부PR이 가능할 것이다.

참고 문헌

국내 문헌

강정석・이재호・최호진 (2010). 『정부 신뢰와 소통 제고를 위한 Public Relations 시스템 구축』. 서울: 한국행정연구원.

고영철・정연우 (2002). 지방행정홍보 매체의 현황과 효과에 관한 연구: 제주도 지방을 중심으로. 『한국광고홍보학보』, 3(2): 197-234.

김종호・김세훈 (2006). 고객세분화를 통한 정책홍보 적용 방안 연구: 국정홍보처의 고객맞춤 홍보와 매체 운영을 중심으로. 『한국행정연구』, 15(3): 217-247.

김창룡・신호창 (1998). 『정부 PR 발전 방안 연구』. 한국언론연구원.

문화체육관광부 (2011). 공직자 SNS 사용 원칙과 요령.

박정훈・신정희 (2010). 정부 신뢰, 정책효능성, 정책지지 간의 연관성 실증연구: 주거지역 내 CCTV 설치 정책을 중심으로. 『행정논총』, 48(3): 1-24.

박종민・배정현 (2011). 정부 신뢰의 원인: 정책 결과, 과정 및 산출. 『정부학연구』, 17(2): 117-142.

박통희 (1999). 신뢰의 개념에 대한 비판적 검토와 재구성. 『한국행정학보』, 33(2): 1-17.

박희봉 (2012). 정부 신뢰 영향 요인. 제640회 정책 & 지식 포럼 자료. 한국정책지식센터.

박희봉・이희창・조연상 (2003). 우리나라 정부 신뢰 특성 및 영향요인 분석. 『한국행정학회보』, 37(3): 45-66.

손호중 (2007). 행정 PR 행태가 정책순응에 미치는 영향분석: 원전 수거물 처리장 입지 선정 사례를 중심으로. 『한국공공관리학보』, 21(4): 97-126.

손호중・채원호 (2005). 정부 신뢰의 영향 요인에 관한 연구: 부안군 원전 수거물 처리장 입자 사례를 중심으로. 『한국행정학보』, 39(3): 87-113.

송희준・조희정 (2013). 『소설 미디어와 정부PR』. 서울: 대영문화사.

심익섭・이재호・서운석 (2004). 중국의 정부 신뢰에 대한 영향 요인에 관한 연구. 『한국부패학회보』, 9(4): 157-182.

양건모 (2007). 정부 신뢰 개념의 이론적 논의 및 타당성 검증. 『한국행정학회 하계학술발표 논문집』, 1-22.

오경민・박홍식 (2002). 정부 신뢰 수준의 측정과 비교에 관한 연구. 『한국정책학회보』, 11(3): 113-135.

오두범 (1997). 행정홍보의 특성과 과제에 관한 고찰. 『홍보학연구』, 창간호, 163-190.

윤정길 (2000). 『관리와 PR』. 서울: 대영문화사.

이강웅 (2002). 행정 PR에 있어서 언론의 역할. 「한국행정연구』, 11(4): 3-36.

이두원 (2005). 국가정책홍보의 커뮤니케이션 전략 탐색 연구: 공중관계 커뮤니케이션 문제점과 개선 방안을 중심으로. 『커뮤니케이션학 연구』, 3(1): 180-209.

이시원 (1993). 『정부신뢰의 영향 요인에 관한 연구: 제6공화국 정부에 대한 태도조사를 중심으로』. 서울대학교 박사학위 논문.

이양수 (2008). 신뢰 유형, 관료의 형태, 국정운영평가가 정부 역할 신뢰에 미치는 영향. 『한국행정논집』, 20(2): 533-552.

이종범 (1986). 『국민과 정부관료제』. 서울: 고려대학교출판부.

이종수 (2001). 정무에 대한 신뢰와 그 결정 요인. 『사회과학논집』, 32: 67-86.

이준일 (1993). 정부홍보의 이론과 실제. 『세계의 공보정책』, 한국언론연구원.

이헌수 (1999). 국민의 행정 신뢰에 관한 영향 요인 분석: 공무원에 대한 신뢰를 중심으로. 『한국행정학보』, 33(2): 37-56.

전형준・김재신 (2012). 공공갈등 이슈에 대한 정부의 홍보 메시지 측면성이 메시지에 대한 신뢰와 이슈에 대한 태도에 미치는 영향. 『홍보학연구』, 16(2): 5-31.

채원호・손호중 (2004). 혐오시설 입지 결정과 정책 PR: 방사능폐기물처리장 입지 결정 사례를 중심으로. 『정책분석평가학회보』, 14(2): 185-208.

국외 문헌

Bachmann, R. & A. Zaheer (ed.)(2006). *Handbook of Trust Research*. Bodmin, MPG Books Ltd.

Banuliak, N. (2011). Public Relations Units in Public Authorities. *Sociology of Power*, 5: 165-171.

Bertot, John C., Paul T. Jaeger, & Justin M. Grimes (2010). Using ICTs to create a culture of transparency: E-government and social media as openness and anti-corruption tools for societies. *Government Information Quarterly*, 27: 264-271.

Bingham, Tony & Marcia Carter (2010). *The New Social Learning: A Guide to Transforming Organizations through Social Media*. Alexandria, VA: ASTD and

Berrett-Koehler.

Black, Sam (1983). *Practical Public Relations*. London · NY.

Blind, P. K. (2007). Building Trust in Government in the Twenty-first Century: Review on Literature and Emerging Issues, 7th Global Forum on Reinventing Government. Building Trust in Government, Vienna, Austria, 26-29 June 2007. Accessible at: http://unpan1.un.org/intradoc/groups/public/documents/un/unpan025062.pdf

Bowen, S. A. (2000). *A theory of ethical issues management: Contributions of Kantian deontology to public relations' ethics and decision making*. University of Maryland, College Park.

Brodsky, Robert (2009). Better Buying Through Social Media? *National Journal*, November 7: 1.

Broomiley, P. & L. L. Cummings (1995). Transaction Costs in Organizations with Trust. In R. J. Lewicki, R. Bies, & B. H. Sheppard (eds.). *Research on Negotiation in Organizations* 5: 219-247.

Bruning, S. D. (2001). Axioms of relationship management: Applying interpersonal communication principles to the public relations context. *Journal of Promotion Management*, 6: 3-15.

Bruning, S. D., A. Langenhop, & K. A. Green (2004). Examining city-resident relationships: linking community relations, relationship building activities, and satisfaction evaluations. *Public Relations Review*, 30: 335-345.

Bruning, S. D. & T. Galloway (2003). Expanding the organization-public relationship scale: Exploring the role that structural and personal commitment play in organization-public relationships. *Public Relations Review*, 29: 309-319.

Chanley, V. A., T. J. Rudolhp, & W. M. Rahn (2000). The Origins and Consequences of Public Trust in Government: A Time Series Analysis. *The Public Opinion Quarterly*, 64(3): 239-256.

Chlivicas, E. (2008). The Potential of the Civil Service Training System: Human Resources Development Strategy. In *Leadership and Management in the Public Sector: Values, Standards and Competencies in Central and Eastern Europe*. Ed. By L. Vass, O. Kuenkova-Orzhel, Ch. Pollitt. Bratislava: NISPAcee Press.

Chumikov, A. & M. Bocharov (2012). Public PR: public relations for public authorities and projects: Textbook for students for the concentration. *Advertising and Public Relations*. M., 195.

DeGroote, Michael (2012). Trust in media rises, but drops for government. Deseret News. February 27. Accessed online July 15, 2012 at http://www.deseretnews.

com/article/865550946/Trust-in-media-rises-but-drops-for-government.html?pg=all.

Dokoupil, Tony (2012). Tweets, Texts, Email, Posts: Is the Onslaught Making Us Crazy? *Newsweek*, July 16: 24-30.

Easton, D. A. (1965). *Systems Analysis of Political Life*. New York: John Wiley.

Ehling, W. P. (1992). Estimating the value of public relations and commnication to an organization. In James E. Grunig (ed.). *Excellent Public Relations and Communication Management*. Hellsdale, NJ: Lawrence Erlbaum Associates, 617-638.

Federal Bureau of Investigation (2010). *Technology Update*, July: 9.

Filatova, O. & E. Shabanova (2011). WEB 2.0 Public Communications and Public Authorities in Russia: Blogs and Social Networks Analysis. In Proceedings of XIV Russian Conference "Internet and Contemporary Society," Saint-Petersburg, Russia.

Fukuyama, Francis (2004). *Trust: The Social Virtues and The Creation of Prosperity*(in Russian). Moscow: IzdatelstvoAST.

General Accounting Office (2011). Social Media: Federal Agencies Need Policies and Procedures for Managing and Protecting Information They Access and Disseminate. *GAO Highlights: Highlights of GAO-11-605, A Report to Congressional Requesters*, June.

Gronstedt, A. (1997). The role of research in public relations strategy and planning. In C. L. Caywood(ed.). *The handbook of strategic public relations & intergrated communications*, NY: McGraw-Hill.

Grunig, J. E. (1992). Summetrical Presuppositions as a Framework for Public Relations Theory. In C. Botan & V. Hazleton Jr. (eds.).

Grunig, J. E. & L. A. Grunig (1992). *Models of public relations and communication.* Excellence in public relations and communication management, Erlbaum, Hillsdale, NJ, 285-326.

Grunig, L. A., J. E. Grunig, & D. M. Dozier (2002). *Excellent public relations and effective organizations: A Study of communication management in three countries*. Mahwah, NJ: Lawrence Erlbaum Associates.

Gruing, J. E. & T. Hunt (1984). *Managing Public Relations*, New York, NY: Holt, Rinehart & Winston.

Hollander, Catherine (2012). The Fed's Charm Offensive. *National Journal*, March 11: 10.

Hon, L. C. & J. E. Gruing (1999). *Guidelines for measuring relationships in public relations*. Gainesville, FL: Institute for Public Relations.

Hrdinová, Jana & Natalie Helbig (2011). Designing Social Media Policy for Government. *Issues in Technology Innovation*, No. 4 (January): 1-9.

Hutton, J. G. (1999). The Definition, Dimensions, and Domain of Public Relations. *Public Relations Review*, 25(2): 199-214.

Kavanagh, Susan (2010). OSC Discusses Hatch Act and Social Media. *Federal Ethics Report*, 17(9): 11-12.

Kent, M. L. & M. Taylor (1998). Building dialogic relationships through the World Wide Web. *Public Relations Review*, 24: 321-334.

———(2002). Toward a dialogic theory of public relations. *Public Relations Review*, 28: 21-37.

Ki, E. J. & L. C. Hon (2007). Testing the linkages among the organization-public relationship and attitude and behavioral intentions, *Journal of Computer-Mediated Communication*, 11(2).

Kodanina, A. (2010). Public Relations in Institutions of Public Power and Management. *Sociology of Power*, N. 2. 219.

Kosov, Y. (2011). Globalization Phenomenon in Contemporary International Research // *Research Papers of the North-Western Academy of Public Administration*, 2(3): 108-121.

Krishna, A. (2001). *Enhancing Political Participation in Democracies: What is the Role of Social Capital?.* Terry Stanford Institute, Duke University.

Kucheriavy, M. & V. Plotnikov (2012). Regional Model of Informational Society Development(On the sample of Commonwealth Community)//*Eurasian Integration: Economics, Law, Politics*. No. 11, C. 141.

Lebedeva, E. V. (2011). Young People in the Information Society [Intertet] // *Russian Social Science Review*, 52(4), July-August.

Ledingham, J. A & S. D. Brunig (1998). Relationship management as a general theory of public relations. *Public Relations Review*, 24: 55-65.

Leeper, K. A. (1996). Public Relations Ethics and Communitarianism : A Preliminary Investigation, *Public Relations Review*, 22(2): 163-179.

Magro, Michael J. (2012). A Review of Social Media Use in E-Government. *Administrative Sciences*, 2: 148-161.

Makey, V. (2012). Development of a Modern World through Dialogue, Partnership and Mutual Respect. Information Newsletter of Presidential Administration of the Republic of Belarus, #6.

Marazevich, A., I., Hancharonak, & T. Prannik (2012). ICT in Public Administration. In Proceedings of VIII International Research Practical Conference “State Regulation of the Economy and Enterprise Efficiency Enhancement"(in Russian), Minsk, Belarus, April 26-27.

Mayer, R. C., J. H. Davis, & D. Schoorman (1995). An integrative model of organizational trust. *Academy of Management Review*, 20: 709-734.

Miller, April (2010). It's Not Business as Usual: New and Emerging Careers in Marketing, Finance, and Management. *Techniques,* November/December: 32-35.

Mishira, A. K. (1996). Oraganizational Responses to Crisis : The Centrality of Trust. In R. M. Kramer & T. R. Tyler (ed.). *Trust in Organizations : Frontiers of Theory and Research*, 261-187.

Moody, David & Steve Carter (2011). Unlocking 311. *American City and Country,* February: 40-43.

Neff, Jeff (2011). Marketers, meet the feds' very own Yelp. *Advertising Age,* 82(4): 1, 32.

Newton, K. (2001). Trust, Social Capital, Civil Society, and Democracy. *International Political Science Review*, 22(2): 201-214.

Park, J. & Cho, K. (2009). Declining Relational Trust between Government and Publics, and Potential Prospects of Social Media in the Government Public Relations. In EGPA.

Pankrukhin, A. Brand called "Russia." http://ruscourier.ru/archive/2762.

Pearson, R. (1989). *A Theory of Pubic Relations Ethics*, unpublished Doctoral dissertation, Ohio University, 329.

Ponomarev, I. (2010). How we will make chaos automatic. http://www.radiorus.ru/news.html?rid=304&date=16-07-2010 & id = 490140.

Preece, Jennifer & Benjamin Shneiderman (2009). The Reader-to-Leader Framework: Motivating Technology-Mediated Social Participation. *Transactions on Human-Computer Interaction,* 1(1): 13-31.

Putnam, Robert D. (2000). *Bowling Alone: The Collapse and Revival of American Community.* New York: Simon and Schuster.

Rawlins, B. (2007). *Trust and PR practice.* Institute for Public Relations, Essential Knowledge Project.

Russia strengthened its leadership about volume of internet audience in Europe, http://internet.cnews.ru/news/line/index.shtml? 2012/01/20/473755.

Scott, D. (2011). *New Marketing Rules and PR*(in Russian). Moscow: Alpina Publishers.

Shark, Alan (2010). Behind the Curve. *American City and County*, July: 48-51.

Shirky, Clay (2011). The Political Power of Social Media. *Foreign Affairs*, 90(1): 28-41.

Smorgunov, L. (2002). *Contemporary comparative political science.* M., 484.

Ugrumov, V. (2011). Public Informational Policies and Education of the Specialists for Public Relations // *Managerial Consultancy*, 4: 170-181.

부 록

- Social Media: What Korea Can Learn from America's Experience
- Use of Social Media in Public Relations Activities by Governmental Entities in Japan: Current Status and Future Outlook
- Government and Citizens Interaction in the Russian Federation: Current State and Future Developments
- Public Communications for Synergetic Public Administration in Belarus: Developing Trust Dimension

Social Media: What Korea Can Learn from America's Experience

Introduction

When Roh Moo-hyun ran for office in 2002, I remember the active and impressive use of netizens as a tool for organizing his victorious campaign. His administration was Millennial-friendly early in the 21st century! I imagine he would be impressed with the way that many Korean companies and agencies continue to lead the way in global innovation, including the provision of convenient communications technologies.

If we look just now at the American candidates, President Barrak Obama and Mitt Romney, or to the Korean presidential race this year, we would likely see that their campaigns increasingly are investing in the power of social media, a relatively recent technological innovation. Likewise, when the Haiti Earthquake and Queensland, Australia disasters occurred, social media spurred public knowledge of the event as well as efforts at relief and for recovery(Magro, 2012). The "Arab Spring" uprisings did so as well.

This paper will discuss social media and public administration, with particular emphasis on the United States and its effects on trust, toward developing suggestions for South Korea's next steps in using social media in its government. We will define social media, conceptualize the use of social media in a democratic context, discuss the benefits of social media and several cautions, present illustrative uses of social media in American government, analyze popular concerns about social media, present the need for use policies, summarize challenges for local governments and

* Bernard Rowan(Professor, Chicago State University).

social media, comment on the issue of social media and trust, and conclude with recommendations.

Definition and Benefits

Magro provides a useful working definition of social media:

> Social media include social networking applications such as Facebook™ and Google+,™ microblogging services such as Twitter,™ blogs, wikis, and media sharing sites such as YouTube™ and Flickr.™ Social media is considered to be a part of the Web 2.0 movement, which is characterized by user-generated content, online identity creation, and relational networking. Social media has a particularly appealing potential for e-participation (Magro, 2012).

As Miller(2010) notes, as of 2010 there were 200 social media websites with billions of users worldwide. While our topic relates to public administration, it is important to note that for some time now, the private sector has been capitalizing on social media, deploying the best and brightest to link branding, marketing and advertising campaigns and sales of products and services to social media users, applications, and websites. Perhaps of interest to our present purpose, an occupation that is growing in importance for private sector companies and social media is the position of "community manager":

> A community manager oversees corporate blogs and forums, conducts outreach activities to attract customers to the company Web site and social media pages, and nurtures relationships with and among the company's online community of followers (Miller, 2010).[1]

---

1) In many respects, the community manager (Miller, 2010) is a position for which public agencies should create an analogue. Public agencies need to reach out to citizens, provide and receive information and feedback, and work to establish relationships of communication that enhance public knowledge and trust in government.

It also is the case that many assume social media is the province of young people, Generation Z'ers, but this isnot really the case:

> While the common impression is that those channels are used primarily by Millennials—people born between the mid-1970s and 2000 — a 2010 national survey of social media use by the Lexington, Kentucky-based National Association of State Chief Information Officers found that the average Facebook user is 38 years old and the average Twitter user is 39 years old (Moody & Carter, 2010).

Social media re-situate, update, and extend the frontiers of public and private communications, for public and private entities, and for all who can access the technology and use them.

Conceptualizing Social Media for Democratic Governance

Social media is an important tool for governments to consider and invest in precisely because they open another context, or perhaps better, an analogous world, in which political (mis—)education and political participation (or alienation) can occur. In this age, use of social media constitutes (indirectly if we wish to privilege offline activities) a new way for information to be created. The interactional setting of social media presents its own horizon for political socialization and for leadership formation, for the development of consensus, the expression of dissent, and for argument and discussion to occur in ways that amplify the mission of government agencies and that provide constructive avenues for governance.

Preece & Shneiderman (2009) theorize a model of relationships between social agents and social media, which they term the "Reader-to-Leader Framework":

> [The] Reader-to-Leader Framework…… describes how people often join social media by first reading, then marginally contributing by

sending a brief note, asking a question, uploading a photo, or rating a restaurant. Some may go on to collaborate with others on a Wikipedia article or YouTube video, or they may take on a leadership role in a discussion or by helping newcomers.

If we can conceptualize fairly easily a participation curve "from reader to leader", what does that stand for? A leader is one who obtains education (practical or otherwise, formal or otherwise) and acts on that knowledge to make change occur, directly and/or with the assistance of co-leaders and followers. A political leader is more narrowly a member of a party or organization that influences the political process, ultimately perhaps as a member of the government.

Social media for government is a mechanism for transparency and accountability that enhances democracy and spreads citizen trust as well as opportunities for participation and leadership, if it is used ethically and in a manner that creates or enhances authentic communications between governments and citizens. Bertot et al. (2010) discuss in a comprehensive fashion the history of contemporary government and information technology's efforts to provide transparency as a way of limiting corruption and enhancing participation.[2)]

Governments are not as easily able to censor or filter what appears on social media sites as they are the content on Internet websites. Bertot et al. (2010) report that East Asian nations are more likely to filter Internet messages than other parts of the world. It is possible to control social media presences, skewing their use and preventing unpopular messages from being published.

An important difference to note related to democracy and trust is that the context of social media involves mutual creation of a product,

2) Much of their article discusses e-government, which of course may or may not make use of social media. It also praises the Seoul City government's OPEN system (Online Procedures Enhancement System for civilian applications. In terms of social media, it offers Wikileaks and a project regarding the presidential elections in Afghanistan (www.afghanistanelectiondata.org) as examples.

implicitly or otherwise, in the data that the medium gathers, projects, and archives—assuming these potentials are present. The boundaries of a social media nexus for discussing issues are less limited, more open, and provide a more equal footing (assuming that a citizen has access to the appropriate technology, which means the digital divide is relevant to this discussion).

Bingham & Carter (2010) refer to this different context for learning that occurs with social media as "new social learning":

> While social media is technology used to engage three or more people and social learning is participating with others to make sense of new ideas, what's new is how powerfully they work together. Social tools leave a digital audit trail, documenting our learning journey—often an unfolding story—and leaving a path for others to follow.
>
> Tools are now available to facilitate social learning that is unconstrained by geographic differences (spatial boundaries) or time-zone differences (temporal boundaries) among team members (Bingham & Carter, 2010).

And while social media still would be describable by the caveat "garbage in, garbage out", they are distinctive for the environment and setting in which learning can take place. In their interesting work, Bingham and Carter indicate that learning through social media is not just for knowledge workers, that it is best understood as a complement to formal education, that it does not replace employee training or development, and that it is not identical to a search engine, to e-learning, or to informal learning (Bingham & Carter, 2010).

The theory of active learning that social media extend is social constructivism, originally theorized by Jean Piaget (Bingham & Carter, 2010). Active learning occurs when and where two or more social agents understand, know, and are empowered by learning that is of their own creation, at least in part. Social media learning that occurs through mutual interactions and what users and producers take away from it. Social media sites are housing networks, formal or informal, random or planned, that create the potential for "nested cells" of enquiry and investigation, of information sharing and conversation (Bingham & Carter, 2010).

But it bears repeating that in order for social media to work democratically and achieve these potentials, a society and polity must invest in them. They must be accepted. They must be embraced so that new forms of information and new avenues of dissent and protest around interests, passions, and opinions will occur through them.

The authors recommend the use of pilot projects by government agencies to develop collaborative potential with the public around social media relative to official purposes and citizen participation. It is vital that governments invest in proper development and deployment of the technology and that they assess and use metrics around the effectiveness of their social media presences. Social media should not as a beginning if ever be viewed as replacing "traditional processes" as opposed to a complement or add-on that resituates channels of communication and transparency, building toward the time when online media are hegemonic in our nations and in the world.

Benefits of Social Media and Cautions

Since 2009, when the Worldwide Web Consortium (W3C) first encouraged the matter, many governments gradually have begun to embracethe possibilities of e-government, including the use of social media, in order to achieve greater effectiveness, increase their visibility and transparency, and to increase public participation in their work and function (Bertot et al., 2010). According to Bertot et al. (2010), social media have major strengths for enhancing collaboration, participation, empowerment, and saving time (Bertot et al., 2010). They offer a list of potential benefits of social media related to transparency:

- providing information on government rules and citizen rights;
- providing information about government decisions and actions;
- promoting monitoring of government actions and expenditures;

- disseminating information on government performance;
- opening government processes, like land records, applications for licenses, and status of tax payments;
- identifying elected officials and civil servants under investigation for corruption and fraudulent activities; and
- disclosing of assets and investments of elected officials and civil servants.

As they mention, social media extends the idea of "citizen journalists", bloggers and users who create authentic, valuable, and previously unanticipated information, documents, conversations, and testimonies to salient issues and emerging concerns.

Among other possible benefits of social media are the speed and convenience of communications, increased trust, and positive perceptions of government responsiveness.

Social media extends a process of communication and collaboration that is democratic in process. Users of social media, together with hosts or sponsors of social media sites, can connect and exchange opinions, facts, theories, levels of conversation, presentations, chats, online sessions - an entire range of communication possibilities and content.

However, a caveat is in order and several cautions. Social media should not be romanticized. Use and privacy policies, active maintenance of sites, investment in analytics and community managers to organize sites and to maximize the use of information and data that is obtained, and training or clear setting of boundaries for public administrators and for site users are all necessary touchstones for effective deployment and use of social media. They cost money and take time, resources, and personnel from other activities at the margins.

Negatively speaking, we need to consider seriously the potential damage that use of social media is increasingly being documented to situate, as in the "connection addiction," social media situated reactive psychoses, and related syndromes discussed in a recent *Newsweek* article (Dokoupil,

2012). Social media also can encourage the phenomenon of decreased social empathy, providing a somewhat indirect means for disgruntled, even unstable, individuals and groups, to confess and air their grievances in anti–social ways and merely for shock effect. It also must be said that for social media merely to open up communication and service avenues does not change the nature of what occurs through this process; that is to say, social media can fan further the extant problems of governments. Social media is not a panacea as opposed to a new set of media for public use.

Other cautions that also must be considered (Bertot et al., 2010):

1. Social media can create new methods/avenues for corruption.
2. Social media are not free of the ethical dilemma: citizens and/or government officials may use the media in anti–democratic, confessionalist, or authoritarian manners.
3. Government agencies and officials can launch a social media presence for marketing or public relations purposes but not develop its potential as a tool for transparency and participation.
4. Citizens must embrace social media and cease to rely on face–to–face or telephone service. The authors note that more education is correlated with willingness to use social media.
5. Social media present technical demands of users and hosts, which limit participation and sponsorship depending upon the context.

There also are intangibles such as intentions, as in democratic decision-making vs. simply maximizing the public's effective exposure to official information, that drive the use of social media. The use of social media to counter negative or to create positive media and public opinion images invites concern that government entities will devote too much of scarce resources to what amounts to public marketing and image building. Again, this stresses the need for public administration scholars and practitioners to theorize about the proper boundaries for use of social media, how social media affects budgeting for public agencies, and the best practices to encourage for placing boundaries on use of agency social media for image-building as opposed to official purposes.

Illustrative Uses in American Government

Without a doubt, social media constitute a great potential resource for civic education and democratic governance. In an age where mainstreaming of continuous and instantaneous communications from around the world are becoming the norm, public entities must adapt and stretch tightened budgets to invest in mobile and flexible communication solutions. We can look to events such as the Arab Spring and flash mobs to see the power of social media to mobilize interested publics around salient issues. And while public administration is not directly and generally concerned with revolution and organizing contemporary protests, sporadic or otherwise, as opposed to the administration of normal political time and its vital role in political society, social media have a clear role in advancing political socialization, enabling more efficient service, and in providing governments with the opportunity to reach more citizens, more often, and more directly than perhaps ever before.

The United States government understands this trend in communication and social reality. USA.gov, the federal government's official portal, has social media links to Twitter, YouTube, Facebook, Mobile apps, and its own blog. Its presence specifies policies on use and privacy.

Government agencies, such as the U.S. Consumer Product Safety Commission are using social media to let the public file consumer complaints online where products can or have led to injury or the risk of injury (Neff, 2011). The system provides a mechanism for the product makers to present a response, and complaints are screened to weed out malicious reports; all complainants are required to provide contact information. Instead of treating the complaint process as one of "deep secrecy", it enhances credibility by allowing the public to see what other complaints are being made. SafeProducts.gov contains a searchable complaints database, constituting a powerful form of communication for citizens (Neff, 2011).

The Federal Bureau of Investigation (FBI) has created presences on Twitter, Facebook, and YouTube to share information with the public. iPhone and iPad apps can be downloaded to learn about most wanted fugitives and other emerging news. These applications also provide users with information on how to contact the nearest branch of the FBI. These are among the efforts made by this government agency to use social media as a means of spreading security information to the public (Federal Bureau of Investigation, 2010).

Likewise, the Federal Reserve, one of the nation's critical governors of economic policy, so important in a period of enduring financial and global monetary uncertainty, has turned to social media as a way of keeping its message before the public eye (Hollander, 2010). In combination with a series of press conferences, town hall meetings, and visits to national colleges and universities, the Federal Reserve has attempted to exploit current technology as a way of pushing back against its critics, such as Republican candidate for President, Ron Paul, and the Occupy movement (Hollander, 2010). The Federal Reserve's social media initiative also indicates that governmental agencies must attend to the rhetorical aspect of their mission, or stated differently, that governmental agencies must be pro-active in responding to political messages and criticism.

The General Services Administration, a major federal government agency charged with $528 billion in annual procurement, has created the website BetterBuy.com, where citizens can register and post their concerns about the federal government's acquisition process. The goal is to enhance the system in terms of participation, transparency, and collaboration (Brodsky, 2009). Introduced in 2009, the Website is divided into three phases representing the procurement system: market research and requirements, pre-solicitation, and solicitation. Managers of the site focused the initial rollout on the pre-contracting phase of procurement (i.e. how the government determines how much it wants to procure and pay and the bid process). This has resulted in suggestions that procurement can occur using the media of web chatting and live video streaming (Brodsky, 2009).

311 non-emergency call centers have spread in terms of availability and usage in America, as contemporary societies and governments address the need to triage constituent and public requests in an era of tightening fiscal budgets and personnel shortages. Not surprisingly, social media has a role to play in this process (Moody & Carter, 2011). Citizens can make comments, lodge complaints, and raise concerns through Twitter and Facebook accounts, iPad apps, and other types of links set up by agencies to reduce traffic on emergency channels. One prominent enterprise solution is "Open311" (Moody & Carter, 2011). Open311 is an open software that integrates with an agency's CRM (customer relations management) system to enable round-the-clock communication and response capability. The applications link users to an agency's self-service website, to a channel for making known complaints and concerns, and to means for providing feedback on government services, among many uses (Moody & Carter, 2011). Many cities in the United States, including Boston, San Francisco, and New York City are part of the Open311 project.

Concerns about Social Media

Many, perhaps most citizens still do not access or have the money or ability to use social media accounts, associated technological devices, and sophisticated phones and computers. The "digital divide" applies squarely to our present discussion. On the other hand, this concern also is non-unique, as the potential for these media stands and will continue to grow. Many citizens don't have access to computers or telephones. Many others do not have the idea of participating in government at all. Other things equal, it also is important to note that the cost of associated technologies should decline overtime as their use spreads, similar to the portable calculator in the 1970s.

We need to face a criticism of social media discussed by Shirky (2011).

Just as democratic governments can invest in and become proficient in the use of social media for democratic governance, authoritarian and totalitarian governments can refine their technologies of repression using the same media. Shirky discusses the Egyptian government's move to license group–based text messaging, as an example.

A second criticism is that social media encourage a vulgar understanding of political discourse and political socialization (Shirky, 2010). The idea that a tweet or posting on a blog or answering a survey suffices for political participation or entitles a user to anything much is encouraged by the medium itself. Instantaneous communication increases demands on agencies for instant responses and resolution of issues. The language that often invades social media discussions, both its tone and its grammatical sloppiness, is a related concern. Social media that can trend toward familiar cries of narcissism extends a culture of expressivism or confessionalism. Posting of just about any thought can occur, other things equal, giving just about any shoddy idea a platform for universal expression.

Nonetheless, Shirky argues for governments legislating to make sure that freedom of communication exists with respect to social media and that censorship or limits on anonymous/pseudonymous communications be viewed dimly:

> Washington should adopt a more general approach, promoting freedom of speech, freedom of the press, and freedom of assembly everywhere. And it should understand that progress will be slow. Only by switching from an instrumental to an environmental view of the effects of social media on the public sphere will the United States be able to take advantage of the long-term benefits these tools promise–even though that may mean accepting short-term disappointment (Shirky, 2011).

Shirky notes that South Korea requires users to provide their legal names for particular Internet services, against the spirit of his reading of democratic freedom. He argues that this arose in part as a reaction against the 2008 anti-US beef demonstrations and the role of social media in their spread and efficacy (Shirky, 2011).[3]

Social media have the potential to create new forms of political power and to introduce an element of democracy that may to many and in many a situation may appear as uncontrollability or as unpredictability. However, this "fear of the unknown" factor, as I choose to call it, is non-unique to social media, as opposed to "new" or "unfamiliar" and should not in principle be viewed that differently from Luther's printing press in the Reformation with respect to the Catholic Church (Shirky, 2011). To friends and foes of social media, whatever one's political persuasion and governing context, social media are here, and if they aren't everywhere, they're coming. They need to be embraced as a 21st technology of normal communications.

Use Policies

As a report from the General Accounting Office (2011) indicates, the U.S. federal government is buying heavily into social media, with nearly all major agencies using Facebook, Twitter, and YouTube to provide the public with official information about the agencies and their activities, obtain and respond to public comments, and linking users to important related sites.

However, the GAO study identified three critical concerns for federal agencies to consider in making policy for the use of social media: security, privacy, and records management. Most agencies have NOT developed or implemented consistent policies around these areas of concern, which runs

3) Many of the South Korean teenage girls who turned out in Seoul's Cheonggyecheon Park in 2008 to protest U.S. beef imports were radicalized in the discussion section of a Web site dedicated to Dong Bang Shin Ki, a South Korean boy band. DBSK is not a political group, and the protesters were not typical political actors. But that online community, with around 800,000 active members, amplified the second step of Katz and Lazarsfeld's two-step process by allowing members to form political opinions through conversation (Shirky, 2011).

the risk of losing the benefits of social media and creating the negative feedback effect for public perceptions of governmental effectiveness and trust (General Accounting Office, 2011).

Governments would benefit from considering up front the following types of issues: how records of social media contacts will be stored, indexed, and organized for subsequent use; how records will be filtered in terms of governmental reporting and archiving requirements; how an agency will safeguard sensitive and personal information in terms of collection, disclosure, and usage; how an agency will protect agency websites and systems from intrusion and cyber terror (spear phishing, social engineering, web application attacks)—including use of risk assessments prior to launching social media presences (Hrdinová & Helbig, 2011).

Second, and more specifically, as Hrdinová & Helbig (2011) note, governments must in turn become concerned with the public personnel administrative issue of setting policy for the use of social media "on the public's time." It is not immediately clear or obvious how to distinguish legitimate use of social media for official or agency purposes, for related professional purposes, and for personal purposes, but some such classification should be codified to create boundaries for administrative use of the media and direct their function to agency needs.

Hrdinová & Helbig identify eight touchstones for governmental social media use policies in order to navigate the myriad uses of these technologies:

1. employee access—the degree to which employees are allowed to access social media sites while at work and the procedures for gaining access;
2. account management—procedures for creation, maintenance, and destruction of social media accounts;
3. acceptable use—guidelines on how employees are expected to use social media tools while at work, including issues such as time of use, purposes of use, and types of equipment;

4. employee conduct–expectations for employee conduct on social media sites and consequences should a violation occur;
5. content–procedures for posting content on official agency social media pages, including creation and editorial requirements for such content;
6. security–security procedures for safeguarding government data and infrastructure;
7. legal issues–legal considerations and requirements for use of social media; and
8. citizen conduct–management of citizen–generated content on a government agency social media site (Hrdinová & Helbig, 2011).

The need to address these eight components and the different modalities of social media usage is principally in order for a government agency to "stay on message", that is to communicate what it intends effectively, in order to maintain effective communication with the public.

For example, it is important for site administrators to define an acceptable use policy, both for employees and for public users, one that addresses abuse of social media, as in ad hominem attacks, vulgarity, or promoting illegal behavior. Second, in terms of legal issues, disclaimer notices should be clear and noticeable so that non–agency but professional, as well as acceptable, personal uses of social media are distinguished from official agency statements. Agency content must be carefully delineated in terms of the process for making official posts and how they are authorized. While social media appear to many as instantaneous and free communication, in the public and official governmental setting, it is important to channel usage in ways that reflect the public's trust and public interest, as well as an agency's official mission and objectives.

Kavanagh (2010) presents the official guidance for U.S. federal employees using social media associated with the Hatch Act (http://www.osc.gov/hatchact.htm#), which regulates Internet use as well as social media. The Act distinguishes between less and further restricted employees (LREs and FREs) in terms of requirements. FREs hold more sensitive positions or work for particular government agencies where there is heightened concern about communications(see http://www.osc.gov/ haFederalFurtherRestricted.htm for a listing of FRE categories). One can see in the following summary of some of the guidance's main points that the intent is to avoid identifying government agencies with partisan campaigns or political parties and interest groups (Kavanagh, 2010):

- LREs can blog but not during work hours or at work. They should not identify their official titles or use their status as Federal employees in their activity.
- A blogger may not suggest or ask blog readers to make contributions to a political party, partisan political candidate, or partisan political group or post links to the contribution page of any of those entities' websites.
- Federal employees who are "friends" with their subordinate employees on a social media site may engage in political activities provided that the supervisors' statements are directed at all of their social media "friends" and not directed toward the subordinate employees or a small group including the subordinate employees.
- A Federal employee, other than FREs, may post a link to a political website on their social media page as long as the link does not lead directly to the contribution page of the political entity and is compliant with all restrictions.
- FREs may become a "fan" or "friend" only if the employee adjusts his privacy setting so that his list of "friends," "likes," "interests," and "pages" which provide links to the political entities' pages are visible only to the FRE.

Federal employees should not create a social media or Twitter page in their official capacities to advocate for or against political entities. It is important for government agencies and employees to avoid identifying their work with partisan politics, in any and every shape, form, and fashion.

Challenges for Local Governments

Perhaps not surprisingly, given the fiscal realities of federal and unitary states, many local governments, especially those in rural areas and low tax revenue generating areas, face even greater challenges adapting to the era of social media. Truly the digital divide relative to social media has two aspects: one is generally well known, in terms of the inability of many citizens worldwide to afford technological devices. The other is equally important, since governments traditionally take up the slack for social inequality through provision of public goods, and that is the divide between wealthy and resource poor governments, many the latter of which cannot invest adequately if at all in developing a social media presence.

Magro (2012) notes that for social media and e-government to fulfill their potential, they must serve the goals of publicity and transparency. Initially, this means that MORE investment of time and resources, including human capital, will be needed to operationalize social media. Local governments have challenges affording to follow these admonitions

Even among advanced nations such as the United States, as Shark (2010) notes, local governments are "behind the curve" in the process of going with social media. The demands on local governments to meet constituent requests and to provide public information for basic services is greater than ever before, so it is somewhat paradoxical. As recently as 2010, a survey of American city and county public managers by the Public Technology Institute and American City and County found that over 70 percent had not developed metrics to track usage of their online Web 2.0 applications due to lack of management interest and lack of skilled personnel to do so (Shark, 2010).

As Shark notes, this is a huge opportunity going missed to show the value of social media for local governments. More broadly, it points to the need for federal and state entities that supervene and often directly fund more local entities to create economies of scale and sharing agreements for hosting web applications, including social media. Intergovernmental agreements and horizontal federalism need to evolve to get more from scarce public dollars across jurisdictions.

As Shark (2010) discusses, citizens at the local level can become even better partners with local authorities in providing information about safety and crime issues, for example, and local public administrators can capture valuable information and note trends in public concerns through an investment not only in social media presences but also in analyzing the data streams they create. Shark offers five "tips" for introducing social media at the local level:

1. Define the communication objectives and desired results
2. Go beyond output measures to identify metrics that online and offline behaviors
3. Measure exposure, engagement, influence and action as they apply to local contexts.
4. Focus on impact and value measures, including tracking the ratio of new followers to "likers" and comment-to-post ratios.
5. Focus on increasing citizen engagement by investing in citizen relationship management systems and analytics services (Shark, 2010).

A Comment on Trust

Trust in government worldwide is ebbing, perhaps due to economic recession and the pace of regional and global conflicts and change (DeGroote, 2012). Government is a convenient scapegoat for what ails society, and citizens in many countries, including the United States, exhibit curious patterns of non–voting and satisficing behavior along with consistent negative opinions about government.

The data about social media and government trust show that, as a new medium, trust in social media is growing but that this trend does not spillover to increased trust in government. The Edelman Trust conducts an annual survey of trust in institutions, including government and the media. It found that while overall trust in social media is low, the level of trust improved by 75 percent since last year - from eight to 14 percent (DeGroote, 2012). Meanwhile, trust in government, including the U.S. government, has declined.

It is unlikely that social media will revolutionize levels of trust in government, if these data are any indication, and perhaps that should not be surprising. While social media has many benefits and "fits" with democracy and democratic governance, it is non–unique as a communication medium. It does not escape the problems of potential cooptation by bureaucratic authoritarianism or censorship, "garbage–in/ garbage–out", and the ethical nature of all communication (i.e. that it can be used for propaganda or information, and that no medium is free of bias). Social media should not be viewed as a panacea for what ails government and governance, as opposed to a complementary means of communication between governments, public agencies, and citizens. It can be utilized effectively to increase trust, but trust levels will continue to be paced by perceptions of economic conditions, national security, quality of life in locales, and other mainstays of public concern.

Conclusions and Recommendations for South Korea

Given that South Korea is an advanced nation in terms of Internet penetration (94 percent), it is a nation ripe for discovery and developing social media as a tool for transparency and the enhancement of democracy. The keystones of public use, universal access, usability, accessibility, and functionality, are more likely to be met in the Republic of Korea, a nation with nearly universal literacy and wide technological development. On the other hand, studies show that Asian governments have low investments, relatively, in social media and many of those doing so still lack social media policies (Magro, 2012).

Based upon this discussion, we can offer a few recommendations for consideration by public agencies and scholars of public administration with respect to social media:

- Avoid the temptation to censor and require users to identify themselves through registering that precludes anonymity.
- Subsidize investment in the development of social media usage in provincial and rural areas; unitary governments like that of South Korea can model social media usage with economies of scale and replication through the central government.
- Highlight the role of use metrics and professional development of staff to shape social media structures toward progressive discussion and issue clarification, as well as agency response to citizen concerns.
- Develop social media policies that address security, privacy, and records management, as well as distinguishing between official, professional, and personal use of media by public servants.
- It is vital that agencies de-link partisan politics from official and professional use of social media by public servants.
- Consider and prioritize the further enhancement of Korea's local autonomy system as a site for social media initiatives.

Just as social media is creating possibilities for the enhancement of democracy and trust in the United States, a leading democracy that nonetheless faces a tradition of skepticism about government, localism, and sustained negative public opinion about government performance, South Korea should take from the American experience what it can to further improve its own use of social media.

Works Cited

Bertot, John C., Paul T. Jaeger, & Justin M. Grimes (2010). Using ICTs to create a culture of transparency: E-government and social media as openness and anti-corruption tools for societies. *Government Information Quarterly,* 27: 264-271.

Bingham, Tony & Marcia Carter (2010). *The New Social Learning: A Guide to Transforming Organizations Through Social Media.* Alexandria, VA: ASTD and Berrett–Koehler.

Brodsky, Robert (2009). Better Buying Through Social Media? *National Journal*, November 7: 1.

DeGroote, Michael (2012). Trust in media rises, but drops for government. Deseret News. February 27. Accessed online July 15, 2012 at http://www.deseretnews. com/article/865550946/Trust-in-media-rises-but-drops-for-government.html?pg=all.

Dokoupil, Tony (2012). Tweets, Texts, Email, Posts: Is the Onslaught Making Us Crazy? *Newsweek*, July 16: 24-30.

Federal Bureau of Investigation (2010). *Technology Update*, July 2010: 9.

General Accounting Office (2011). Social Media: Federal Agencies Need Policies and Procedures for Managing and Protecting Information They Access and Disseminate. *GAO Highlights: Highlights of GAO-11-605, A Report to Congressional Requesters*, June 2011.

Hollander, Catherine (2012). The Fed's Charm Offensive. *National Journal*, March 11: 10.

Hrdinová, Jana & Natalie Helbig (2011). Designing Social Media Policy for Government. *Issues in Technology Innovation.* No. 4, January: 1-9.

Kavanagh, Susan (2010). OSC Discusses Hatch Act and Social Media. *Federal Ethics Report*, 17(9): 11-12.

Magro, Michael J. (2012). A Review of Social Media Use in E-Government. *Administrative Sciences*, 2: 148-161.

Moody, David & Steve Carter (2011). Unlocking 311. *American City and*

Country, February: 40-43.

Miller, April (2010). It's Not Business as Usual: New and Emerging Careers in Marketing, Finance, and Management. *Techniques*, November/ December: 32-35.

Neff, Jeff (2011). "Marketers, meet the feds' very own Yelp." *Advertising Age*, 82(4): 1, 32.

Preece, Jennifer & Benjamin Shneiderman (2009). The Reader-to-Leader Framework: Motivating Technology-Mediated Social Participation. *Transactions on HumanComputer Interaction,* 1(1): 13-31.

Shark, Alan (2010). Behind the Curve. *American City and County*. July: 48-51.

Shirky, Clay (2011). The Political Power of Social Media. *Foreign Affairs*, 90(1): 28-41.

Use of Social Media in Public Relations Activities by Governmental Entities in Japan: Current Status and Future Outlook

Use of social media in public relations activities by national ministries and agencies and local governments in Japan

Use of social media by national administrative institutions (hereinafter referred to as "ministries and agencies") in Japan rapidly spread following the Great East Japan Earthquake, which struck on March 11, 2011. As used in this paper, the term "social media" is a collective one for web-based services equipped for dissemination and sharing of information through the Internet.

The primary reason for the expanded utilization is the objective appraisal to the effect that social media as a whole are effective means of information provision by governments. This recognition was occasioned by the vital role discharged by Twitter as a means of furnishing citizens with information on the Great East Japan Earthquake" in its wake.

Another reason is that thinking on public relations has undergone significant change at ministries and agencies since the disaster. Specifically, it has shifted from a defensive orientation to an active one.

As of July 2012, of the 16 ministries and agencies surveyed, 13 or 81 percent were making official use of some social media.

The entities handling public relations information for the entire government are the Cabinet Public Relations Office and the Public

* Kitamura Michio(Professor, Graduate School of International Media, Communication and Tourism Studies, Hokkaido University).

Relations Office in the Cabinet Office.

The Cabinet Public Relations Office has launched two Twitter accounts for the Prime Minister's Office (one of them is a Twitter account for disaster information), an official "Prime Minister Noda's blog", and a Facebook account for the Prime Minister's Office. The official Prime Minister's blog, for example, is devoted to descriptions, in language facilitating understanding by the general public, of major policies deployed by the Prime Minister Noda's Cabinet along with his thoughts and the state of approaches.

Meanwhile, the Public Relations Office has also opened a Twitter account and a Facebook account for online provision of public relations

Table 1 Useof social media by Japanese ministries and agencies (as of July 2012)

	Ministries and Agencies	No. of Twitter account	No. of Facebook account
1	The Cabinet	2	1
2	Cabinet Secretariat	2	0
3	Cabinet Legislation Bureau	0	0
4	National Personnel Authority	1	0
5	Cabinet Office	4	2
6	Ministry of Internal Affairs and Communications	3	1
7	Ministry of Justice	0	0
8	Ministry of Foreign Affairs	4	1
9	Ministry of Finance	4	2
10	Ministry of Education, Culture, Sports, Science and Technology	3	1
11	Ministry of Agriculture, Forestry and Fisheries	1	1
12	Ministry of Economy, Trade and Industry	8	1
13	Ministry of Health, Labour and Welfare	1	0
14	Ministry of Land, Infrastructure, Transport and Tourism	4	1
15	Ministry of the Environment	0	0
16	Ministry of Defense	2	3
	Total	39	14

Source: Prepared by the author.

information from the Cabinet Office. Both of these accounts provide information updates for the contents displayed on the official website page for the Public Relations Office, with a view to presenting issues in simple language and from the citizen's perspective.

The following may be cited as characteristics of social media use by Japanese ministries and agencies noted above.

Use as a means of providing information on policies to the citizenry

The major objective of use of social media by ministries and agencies is to furnish citizens with accurate information on policies. The Twitter account for disaster information from the Prime Minister's Office, for example, offers information on disaster-related activities by the government. Similarly, the Twitter account for online provision of public relations information from the Cabinet Office has an information provision centered on updating of the official home page contents of the Public Relations Office.

Not a means of interactive communication with citizens

As a general rule, the use of Twitter and Facebook by ministries and agencies does not provide for response to any messages from citizens. However, ministries and agencies may reply to comments from citizens made through the "contact us" function on their official websites.

Emphasis on lead-in to the official website

The ministries and agencies have their own websites as hubs for provision of information about their policies. Social media are positioned as means of leading citizens to these websites. In the event of disasters or other emergencies, nevertheless, the social media are key tools of information provision owing to their superiority in respect of speedy messaging.

Advantages of use of social media for public relations

The following may be identified as benefits of use of social media for information provision and public relations as viewed from the standpoint of both citizens as the information recipients and the ministries and agencies as the providers.

Advantages in the eyes of citizens

1) Quick receipt of needed information on policies and activities at ministries and agencies

Citizens can obtain information more quickly through social media than if they accessed the websites of the ministries and agencies in question. This is particularly true in the event of earthquakes and other large-scale disasters, in which disaster information can be acquired from the government through social media on a virtually real-time basis. Social media are among the most reliable information sources at such times, and provide valuable assistance for decisions and action by citizens.

2) Learning the reactions and opinions of others

People accessing Facebook and Twitter accounts can see the reactions of other visitors by noting the number of "Like!" selections and reading their comments. As such, they can get a good idea of the opinions and thoughts of other people on the subject. Messaging by use of the "Contact Us" function in conventional websites does not afford an overview of opinion because the messages of other visitors are not disclosed.

3) Casual access at any time and any place

The major types of hardware utilized by citizens in accessing social media are smart phones, mobile phones, and other types of mobile equipment. This allows them to access the media at any time and any place while on the move or outdoors.

Benefits in the eyes of ministries and agencies

1) Complementation of existing media, and both prompt and widespread provision of important information

Social media enable timely notification of updated information and have a high power of information dissemination by word-of-mouth. As such, they are capable of putting important information into the hands of many citizens almost immediately. Of particular note is the Twitter retweet (RT) function, which delivers an outstanding effect for quick information supply to many citizens at times of disaster, when every second counts. This merit was demonstrated after the Great East Japan Earthquake.

2) Visibility of the mindset and opinions of many citizens

Social media also make the outlooks and opinions of the citizenry visible to the ministries and agencies. This is to say that they are effective tools for exercising a public hearing function. Twitter, for instance, makes it clear what citizens are apprehensive about at the time of disaster. The number of "Like!" selections on Facebook affords a grasp of views with which citizens feel empathy.

3) Ability to narrow the distance in communication between government and the citizenry

In their use of social media, the ministries and agencies make it a rule not to furnish replies to any comments by citizens. The blogs as well as the Facebook and Twitter accounts of the Prime Minister and other ministers, however, present their individual views. This feature narrows the distance in communication between the citizenry and the heads of government, and so may be expected to bring them closer to each other.

Disadvantages of use of social media for public relations

As noted above, use of social media holds many advantages for both the citizen and governmental sides, but there are also certain disadvantages, as follows.

Disadvantages in the eyes of citizens

1) Risk of receiving misinformation due to impersonation

In the wake of the Great East Japan Earthquake, large amounts of misinformation sent by people impersonating other parties were provided to many people through the Twitter RT function. In many cases, the perpetrators made illegaluse of the authority of ministries, agencies, and local governments; they presented the misinformation as coming from the Ministry of Health, Laborand Welfare or being forwarded from a civil servant.

* Example of misinformation RT sent by impersonation after the Great East Japan Earthquake

> – Please forward this message to all you know
>
> This is a notification from the Ministry of Health, Labor and Welfare. RT@MHKWitter: As a result of an explosion at the Cosmo Oil refinery in Chiba Prefecture, hazardous substances have been sprayed into clouds and may fall to the ground with rain. When outdoors, wear rain gear and make sure not to get your skin wet.

2) Emergence of a digital divide in use of social media

There remains a huge digital divide among the citizenry. This leads to a substantial gap between people at home with social media and those making no use of it, as regards of the volume and speed of information acquisition. In fact, in the case of the Great East Japan Earthquake, many of the people in affected areas were aged who did not know how to use social media, and this led to a big difference in respect of information and life activities from the people who were good in use of social media.

3) Confusion among users due to the excess of social media

As noted above, ministries and agencies are rapidly expanding their provision of information on policies through Twitter, Facebook, blogs, and YouTube. As viewed from the perspective of citizens as users, however, this situation is somewhat confusing. Many are not sure which medium to use and do not recognize any difference in information provision depending on the medium, for example.

Disadvantages in the eyes of ministries and agencies

1) Limitations for equal information provision to all citizens

Although the number of social media users is rapidly increasing, the users are mainly members of the Internet generation, i.e., "early adopters." The circle of recipients of information provision by ministries and agencies must not be confined to these "early adopters" but include all classes of the citizenry. Use of social media by ministries and agencies at present consequently has its limitations for equal provision of information to all citizens alike.

2) Risk of trouble due to provision of improper or mistaken information

The provision of information by staff of ministries and agencies through their own Twitter or other social media accounts holds the possibility of trouble due to statements that are improper (for a civil servant) or invite misunderstanding. Furthermore, if the information so provided is mistaken, there is a risk of additional trouble because of the difficulty of making corrections or deletions. In reality, some local governments have been forced to close social media accounts as a result of a chorus of complaints about improper statements made by contributors.

3) Vulnerability of information systems grounded in services

Social media are free tools provided by private enterprises. For this reason, there is a high probability of occurrence of problems as regards the reliability and security of the information system as a whole. Such trouble may be illustrated by inability to access sites due to congestion, unavailability of services without prior warning, and frequent system down time. Social media must be termed vulnerable in respect of sustainability and continuity, which are fundamental principles in information provision by ministries and agencies.

4) Difficulty of document management for information handled by social media

Although this is not much of a problem in Japan at present, difficulties are anticipated to arise in the future in the aspect of document management for information provided through social media. In the United States, where social media use is more developed, some have pointed out problems related to use of social media by governmental institutions on the federal level because of the obligation to make and preserve records imposed on the federal government by the Government Accountability Office (GAO). There are no clear standards in areas such as the scope of record preparation and preservation for information supplied by means of social media and the locus of responsibility for the same. This situation underscores the need for action that may even include amendment of legislation. In Japan as well, the question of the extent to which information provided through social media by ministries and agencies should be covered by requirements for management of official documents is liable to come to the surface.

Governance to heighten the reliability of governmental public relations activities through social media

As described above, the use of social media by ministries and agencies is still in its infancy. While many disadvantages have been noted, the author believes that expanded use of social media is desirable for the development of new avenues of communication with the citizenry.

Taking the stance that use of social media by ministries and agencies ought to be expanded, the author drew a comparison between approaches to governance aimed at heightening the reliability of such use and the

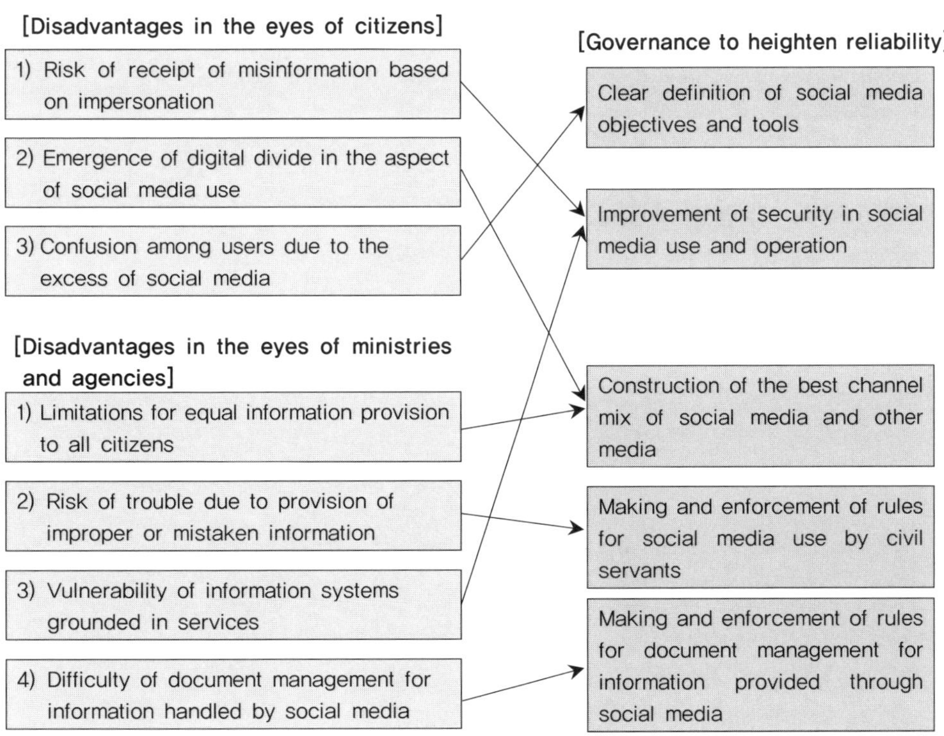

Figure 1 Governance to heighten the reliability of governmental public relations activities through social media

aforementioned disadvantages of the same. The figure below presents the results of this comparison.

Clear definition of social media objectives and tools

To eliminate confusion among users about which social medium to use, ministries and agencies should clearly identify their objectives and the optimal tools for attaining them in their use of social media.

The following five items may be cited as prospective objectives of governmental public relations activities using social media.

a) Reposting of information displayed on the ministry/agency website for notification of all citizens
b) Lead−in to information displayed on the ministry/agency website (in the case of updating)
c) Posting of information not displayed on the ministry/agency website
d) Collection of opinions from citizens
e) Posting of comments on opinions collected from citizens

Of these five objectives, Facebook and YouTube are best for attainment of objective a); Facebook and YouTube, for that of objective b); and Twitter, for that of objective c). Social media are currently not in use for objectives d) and e) in the ministries and agencies in Japan, but the possibility of their use for these objectives deserves study.

Improvement of security in social media use and operation

The subject of greatest apprehension about social media is the circulation of misinformation (RT) through Twitter by persons impersonating other parties. To prevent this from happening, it is vital to give citizens accurate information concerning the official Twitter accounts of ministries and agencies. In Japan, ministries, agencies, and local governments can obtain a certified Twitter account by performing procedures on so−called "Twi−navi", the official Twitter navigator. In addition, the Ministry of Economy, Trade and Industry (METI) publishes a list of public institutions which are operating Twitter accounts. By referring to this list, users can check whether or not the information is from the official account. From now on, it is important to extend such measures to Facebook and other social media.

Construction of the best channel mix of social media and other media

In use of social media for governmental public relations activities, there is inevitably a bias toward early adopters in the pool of information recipients. Furthermore, the user classes differ depending on differences of service (among Facebook, Twitter, etc.). There is also a huge digital divide between citizens who are at home with social media and those completely unfamiliar with it.

Therefore, equal delivery of information to the various citizenry classes by ministries and agencies requires the construction of a "best mix" of channels including websites, social media, and mass media. In the event of large-scale disasters, for example, authorities would need a best mix consisting of simultaneous dissemination of disaster information through TV, radio, and the Internet; automatic collection of Twitter information for posting on the official website; and messaging through Facebook and Twitter to lead citizens to important contents displayed on the official website.

Making and enforcement of rules for social media use by civil servants

Staff of ministries and agencies are increasingly opening their own accounts on Twitter and Facebook, and making comments through them. The risk of trouble due to statements that are improper (for a civil servant) or invite misunderstanding is thought to be rising in the process. It is consequently vital for ministries and agencies to make and enforce rules setting forth basic thinking on and cautions in use of social media by staff (e.g., observance of obligations to protect confidentiality; consideration for privacy, copyright, and other rights; and rules for response when trouble occurs).

Making and enforcement of rules for document management (preparation and preservation of records) for information provided through social media

In Japan, there is a need to make and enforce rules that define the scope in which information funneled through social media by ministries and agencies is considered administrative documents subject to the Public Records Management Act, and that govern the procedure and duration of storage for such management.

Formulation and deployment of (internal and external) policy on operation of social media by ministries and agencies

To put the governance outlined above into effect, the ministries and agencies ought to formulate policy on operation of social media and utilize these media in accordance with this policy.

At present, policy on operation of Twitter and Facebook has been laid down by certain ministries and agencies, such as the Ministry of Internal Affairs and Communications (MIC) and the Ministry of Defense. This policy, however, does not go beyond the level of objectives, personnel in charge of managing this use, contributors, times of use, and cautions. Many ministries and agencies have not determined any such policy.

When formulating policy on operation of social media, ministries and agencies ought to draw a distinction between internal and external policy, and determine each separately.

Internal policy must cover items such as basic principles in use of social media by staff, cautions, methodology for dealing with trouble, desks for consultation and so on. Although such internal policy has not yet been determined at any ministry or agency, the number of local governments with such policy is growing, and ministries and agencies should formulate it as well.

The items of external policy encompass the names of social media used by the ministry/agency, providers, service objectives, types of information provided, service supply setup, guidelines for response to citizen comments, security measures, and other items required for use of social media services offered by the ministry/agency.

The determination of both internal and external policy on operation of social media will presumably do much to improve the reliability of social media use by ministries and agencies.

Table 2 Prospective items of external policy on operation of social media

Proposed items of external policy on use of social media	
1	Service name
	① Account name
	② Account URL
2	Service provider
	① Organization name
	② Party in charge of operation management
	③ Contributor
3	Service objectives and information provided
	① Service objectives
	② Types and contents of information provided
	③ Type of linkage with other social media
4	Setup for service provision
	① Times of service operation
	② Items regarding service modification and suspension
	③ Contact for inquiries about the service
5	Guidelines for response to comments from readers
	① Guidelines for contributions(follow-up, tweet, retweet, etc.)
	② Guidelines for reply
6	Provisions for security
	① Measures to prevent impersonation etc.
	② Procedure for dealing with system unavailability/system down

7	Items of exemption from responsibility
	① Items of exemption from responsibility regarding the contents of the information provided
	② Items of exemption from responsibility regarding the service modification, suspension, etc.
	③ Items of exemption from responsibility regarding the operating environment of service provision
8	Items of prohibition
	Items of prohibition regarding infringement of human rights etc.
	Items of social prohibition
	Items of prohibition regarding the service itself
9	Cautions regarding copyright and other rights
10	Items regarding the handling and protection of personal information
11	Items regarding the making and preservation of records of information provided through social media

Table 3 Prospective items of internal policy on operation of social media

Proposed items of internal policy on use of social media (for staff)	
1	Definition of social media
2	Advantages and disadvantages of use of social media
3	Basic principles in use of social media
4	① Cautions in use of social media
	② Obligation to protect confidentiality
	③ Contents of information provided
	④ Locus of responsibility for information provided
	⑤ Handling of comments and questions regarding information provided
	⑥ Protection of copyright and other rights
5	Items of prohibition in use of social media
	Information whose provision is prohibited
	Prohibited acts
6	Procedure for dealing with trouble
	Procedure for prevention of trouble
	Procedure for dealing with trouble upon occurrence
7	Desk for consultation

Conclusion

The formulation of policy on operation of social media by more ministries and agencies will require the establishment of guidelines for social media use by them.

An example of guidelines setting forth cautions in dissemination of information through social media by the national government and local public entities is furnished by "the guideline concerning information dissemination using private–sector social media by national government, local public entities, and other public institutions." This guideline was prepared jointly by the Cabinet Secretariat, the MIC, and the METI in April 2011.

Nevertheless, although these guidelines contain the item "formulation and explicit statement of policy on operation of accounts", they merely encourage the subject institutions to determine policy on operation of social media accounts; they do not set forth any specific items or details of such policy.

This is obviously insufficient. The situation calls for the preparation of guidelines for all ministries and agencies setting forth policy on operation of social media which they can refer to and take as models in their own formulation of such policy.

Government and Citizens Interaction in the Russian Federation: Current State and Future Developments

Fastening of the globalization processes and entering of the contemporary states into informational era changed significantly many competences of the public authorities. Political resources are not currently restricted only by the traditional areas like economy, military forces, public power institutions, which are now supplemented by the informational environment and the policy.

Global processes, directly connected with the rapid growth of information resources of the human society, are influencing inmany ways political environment. In such circumstances public consciousness became not only an object but also a goal of informational impact. Here we can observe wide range of informational actions from the public opinion manipulation for achieving of the particular goals to the creation of complicated long term informational society development models.

National governments traditionally experienced many innovational managerial tools and techniques. At the end of the 19th century US public authorities developed new methodology which was later called "public relations." At that time public opinion development tools became one of the leading priorities for politicians.

Thus "public relations" phenomenon for sure has American origin and its classical definition was given by US researchers. In Webster international dictionary the following definition of "public relations" was

* Vladimir Shamakhov(Professor, Director, North-Western Institute of Management of the Russian Presidential Academy of National Economy and Public Administration).

given: "a Public relations (PR) is the managing of outside communication of an organization to create and maintain a positive image. Public relations involve popularizing successes, downplaying failures, announcing changes, and many other activities."[1] S. Black gives the following definition: "Public Relations arearts and science of reaching harmonization by means of mutual understanding based on truth and full information."[2]

The first PR units in public authorities focused on information flow for citizens that concerned central, regional and local governments' activities. Later on their objectives became more diverse: pubic authority's positive image formation, reaching of consensus on key issues of public concern, implementation of the dialogue between citizens and public power institutions, as well as dialogue between various public and political interest groups.

Beginning in the early 1990th The Russian Federation started the process of adaptation of the Western PR tools. Transition to the democratic form of governance actualized a need for interaction in a new format with the own citizens. During this period PR activities appeared in Russia as the services of the private companies and units in the public power institutions. The reasons for development of PR units in Russian public authorities in early 1990th were:

1. Actual citizen's need to obtain full information about central, regional and local governments activities;
2. Dissemination of the political pluralism and political diversity in Russia;
3. Implementation of one of the key democratic procedures – interaction between public power institutions on all levels (federal, regional and local) and society into the Russian political and social environment.

In 1990th public opinion polls discovered that many citizens are not satisfied with the public authorities activities in the process of transition to

1) http://www.websters-online-dictionary.org/definitions/public+relations
2) Sam Black. Practical Public Relations. London - NY., 1983, p. 15.

the market economy. A special people's dissolution was in a gap between public expectations and intermediate results of the painful economic reforms. Sociological investigation of that time demonstrated citizen's low trust and support to all levels of the public power institutions. Only 1~10% of respondents fully supported Russian government, 25~40% supported partially, 35~50% didn't supported government's activity and 10~20% experienced difficulties in answering this question.3)

Thus at the end of the first decade of the Russian Federation independence after the collapse of the Soviet Union it was clear that systematic public crisis caused the loss of trust to all major political stakeholders. The Russian Federation political leaders and captains of business started their efforts to establish conditions of public consensus on ways of modernization and sustainable development.

It is well known that advanced public relations tools could be a very effective instrument of the citizen's trust to the public authorities' renewal as well as an efficient means of strengthening of the dialogue between state and society. This widely spread in the Western countries approach in the period of th end of 20th century—beginning of the 19th was strongly demanded and appreciated in the Russian Federation. Starting with the new Millennium establishment of the efficient system of the communication with the population became one of the leading political priorities of the President and Government of the Russian Federation. On February 12, 2003 Russian Government adopted the Act N 98 "About provision of the access to the information about activity of the Government of the Russian Federation and federal public authorities." This Government Act outlined the list of information about federal public authorities' activities all citizens must have access to by means of publicity, internet and other public informational resources.

At present we can observe the following trends of the informational policy of the Russian Federation:

---

3) СморгуновЛ.В. Современная сравнительная политология. - М., 2002. С.484. (Smorgunov L. Contemporary comparative political science. - M., 2002. p. 484).

1. Implementation of the bilateral symmetric communication focused on fast direct collection of the information from citizens by public servants.
2. Establishment of the feedback with citizens as the response on their informational requests.
3. Rising of the efficiency of communicative interaction between public authorities and society by implementing new informational services such as web resources, blogs, digital mass media etc.

Currently each of the Russian Federation public authorities includes a special unit responsible for the communication with mass media and population. Thus in our days in the Russian Federation there is perception of the "public relations" as the specific intermediate communicative informational activity. This activity is focused on establishment and development bilateral interactive channels between public authorities, citizens, civil society institutions (NGO), as well as between the society in whole and other key actors of socio-political environment. We can conclude that public relations system is aimed on facilitation of the managerial decision making by federal, regional and local public authorities. This facilitation is characterized by the following actions:

- Defining the citizens' perception of the public authorities activities and people's approach to those activities;
- Public opinion formation for particular managerial decisions made by public authorities;
- Rising of the authority of and trust to the public power institutions and organizations;
- Creation and dissemination of the positive image of the public authorities into public consciousness.

You can find wide range of titles for PR units in the Russian Federation such as "Department for Public Relations and Mass Media", "Press-Center", "Public Informational Unit", "Center for Public Communications" etc. In practice goals and objectives of those units with different titles are basically the same. Those units cannot be the means of one way influence on the target groups of people which typical feature is authoritarian or even totalitarian propaganda. In their daily activity bilateral communication is obligatory. The objectives of public relations units in Russian public authorities are as follows:

- Establishment and maintenance of the contacts with people and organizations: these contacts are primarily maintained with civil society institutions, political parties, religious groups, public leaders etc.;
- Dissemination of the information about political decisions taken by public authorities;
- Analysis of the people's perception of the particular public servants' or public institutions' activity;
- Predicting of the people's perception of the public authorities' actions in political and socio–economical areas;
- Development of relevant analytical reports to the public authorities;
- Creation of the positive image of the public authorities, their political and managerial leaders as well as their personnel.

Russian experts in the field of public relations pay a special attention to the socio-political functions of these relevant PR units. They outlined the following functions of "public relations":

1. **Information flow** which is focused on provision of the sufficient level of informational flow available for the citizens about country, region, city or any other territorial community development.
2. **Education** is aimed at formation of the patriotic consciousness, spiritual and moral basic attitudes. The most important objective of this function is the development of the people's general legal and political culture.
3. **Communication flow** is supposed to provide direct dissemination of the information from public authorities to citizens especially in the area of public service provision and information about the access to these

public services. Feedback from the citizens who are at the same time public service consumers is one key priorities of this function implementation.

4. **Organization** is dealing with the effective communication between public authorities and social environment through collaboration with the civil society organizations, their leaders, citizen's groups of interest etc. Communication with mass media is very important in implementation of this function.
5. **Stimulating citizen's participation** is very important function of public relations. It is caused from the fundamental democratic value of people's participation in public affairs governance. This function is about how PR tools are used to encourage citizens to participate in federal, regional and local elections, public hearings, civil society organizations initiatives, charity etc.
6. **Research and Analysis** are connected with the selection, processing of information flow and its analysis. Implementation of this function leads to the development of informational strategy and policy in external environment of the particular public authority.
7. **Consultancy** provides informational support to public authorities' leaders in the area of managerial decision making. This information should correspond to the public opinion and expectations.
8. **Prognosis** is dealing with the selection of the most prospective ways of influence on public opinion through outlining of the people's expectations and perception concerning various public authorities' activities.
9. **Ideology** is the instrument of ideas and attitudes exchange between citizens and public authorities. Implementation of this function supposes mutual convergent process of communication between power institutions and major social groups of population on federal, regional and local levels.
10. **Creativity** is reflecting innovational sign in public relations strategies. The goal of innovational approach is to create original emotionally

colored images and informational matters which could attract people's attention to the public authorities' activities.

11. **Image Making** is targeting on creation of the positive image of public power institutions and their political and managerial leaders through promotion of their professional, business and personal capacities.

Nowadays in the Russian Federation the system of public relations activities of various public authorities is complicated and multilevel. It reflects existing system of public administration. The major institutional elements of this system in the Russian Federation are:

Administration of the President of the Russian Federation

Administration of the President of the Russian Federation is one of the most influential political institutions. In Presidential Administration there are three major departments responsible for public relations. They are "Presidential Directorate for Public Relations and Communication Office", "Presidential Directorate for Press and Information Office" and "Presidential Directorate for Correspondence from Citizens and Organizations."

1) Presidential Directorate for Public Relations and Com-munication Office

Presidential Directorate for Public Relations and Communication Office key tasks include the support of the President in exercising his constitutional powers as regards state information policy as well as drafting proposals for the President on issues of state information policy and participating in the implementation of said proposals on the President's instructions; analyzing media positions and public opinion on issues of implementing state policy in various areas and promptly briefing the President on these matters; developing information support strategy for socially important decisions by the President, as well as participating in its implementation on the President's instructions; coordinating information activities of federal government bodies and federal executive authorities with the aim of providing objective information to the media on the state policy being conducted in various fields; coordinating information support for major international events in the Russian Federation and abroad, including preparing and holding the XXII Olympic Winter Games and the XI Paralympics Winter Games in 2014 in Sochi.

2) The Presidential Press and Information Office

The Presidential Press and Information Office supports the President in exercising his constitutional powers in the area of state information policy. It drafts proposals for the President on matters concerning state information policy and formation of Russia's information space, and takes part in their implementation. It informs the mass media about the President's activities, decrees and instructions, speeches, statements, meetings and other events in which he takes part. It keeps the President up to date on media reactions and responses to his decisions and statements. It organizes information support for state, official and other visits, official meetings, talks, working trips of the President and other events in which the President takes part in Russia and abroad. It organizes interaction between the President and the mass media.

3) Presidential Directorate for Correspondence from Citizens and Organizations

Presidential Directorate for Correspondence from Citizens and Organizations examines oral and written correspondence addressed to the President of Russia and the Presidential Executive Office by Russian and foreign citizens and stateless persons. It carries out information and reference work related to citizens' correspondence, analyses citizens' correspondence addressed to the President and draws up the appropriate reports. It provides the information, analytical and methodological support for the Presidential Executive Office's work with citizens' correspondence.[4]

4) http://eng.state.kremlin.ru/administration/division.

4) Presidential Advisory Boards

There are 15 Advisory Boards under the President of The Russian Federation. Their major goals and objectives are advisory and consultancy in particular areas of international and public affairs, education, science and technology. Some of these advisory boards consist from primarily top public officials from ministries and Presidential Administration but among their members there are leading experts from particular research areas or industries. In some of the advisory boards like Council for Culture and Arts, Council for Education, Science and Technology, Council for Cooperation with Religious Organization their members are leading scientists, educators, religious confessions leaders. Famous human rights activists are members of the Council for the Civil Society Development and Human Rights.

Government of the Russian Federation

Government of the Russian Federation has its own Directorate for Press and Information Office which mandatesis to organize information flow for mass media and citizens (through media) about decrees, reports and other relevant information of the Government of the Russian Federation activities.

There are 20 ministries and 41 federal agencies and services in the Government of the Russian Federation. Five ministries are subordinated to the President of The Russian Federation(Ministry of Interior, Ministry of Defense, Ministry of Foreign Affairs, Ministry of Civil Defense, Emergencies and Disaster Relief of the Russian Federationand Ministry of Justice). Fifteen ministries are subordinated to the Prime Minister (Ministry of Healthcare, Ministry of Culture, Ministry of Education and Science, Ministry of Natural Resources and Environmental of the Russian Federation, Ministry of Industry and Trade of the Russian Federation, Ministry of Communications and Mass Media of the Russian Federation, Ministry of Regional Development of the Russian Federation, Ministry of Agriculture of the Russian Federation, Ministry of Sport of the Russian Federation,

Ministry of Transport of the Russian Federation, Ministry of Finance of the Russian Federation, Ministry of Economic Development of the Russian Federation, Ministry of Energy of the Russian Federation, Ministry of Labor and Social Security of the Russian Federation, Ministry for the Development of the Russian Far East).[5]

Each of those federal ministries and federal agencies has its own directoratefor press and information, as well as various units responsible for correspondence with citizens and organizations.

It is very important that currently not only civil public service institutions have their PR units. All military public authorities on federal and regional level like army, navy, police etc. also provide communication services and public relations through their press offices.

Regions of the Russian Federation

Currently there are 83 regions in the Russian Federation. The structures of regional administrations and regional governments are rather diverse but at least one directorate or department in administration is responsible for communication with press and public relations. For example, in Saint-Petersburg City Government[6] there are three major directorates responsible for public relations: Press Office of the Governor of Saint-Petersburg, Committee for Printing and Communication with Mass Media and Committee for Youth Policy and Communication with the Civil Society Organization.[7] Each of the departments, committees of Saint-Petersburg City Government has its own press office which is responsible for public relations and interaction with the media. In Leningrad Region—second biggest region of the Russian North—West with population 1,7 million inhabitants—there is only one structural unit responsible for public relations—Committee for Printing and Public

5) http://government.ru/eng/power/

6) Saint—Petersburg in Russian Federation has a statute of region with population around five million inhabitants

7) http://www.gov.spb.ru/gov/admin/otrasl

Relations. Each other sectoral committee in Leningrad Region has its own press office. The same structure of public relations service provision exists in all other regions of the Russian Federation.

Local Governments

After local government reform in the Russian Federation that took place in 2003/2006 there are more than 24,000 local authorities all over the country. We have different types of local governments: district local authorities that united several smaller territories, urban districts (put of the city), urban settlement (small or medium size city) and rural settlements. In respect to the size of local authority population and number oflocal public servants in administration there are units or person responsible for public relations and communication with media. In big and medium size cities it could be a unit with several employees, in small local authorities there is at least one person usually titled press-secretary of administration.

Representative Power Institutions

Representative Power Institutions in the Russian Federation also have their press offices beginning with the Russian national parliament - State Duma and Council of Federation. Each regional parliament also provides press services for media and citizens. Local councils and local elected representatives implement their public relations through the press units of local administrations.

Correspondence with Citizens and Organizations

Correspondence with citizens and organizations according to the Russian Federal Law is an obligation of all federal, regional and public authorities. The law demanded to give written response within 30 calendar days on any written requests from citizens and legal entities.

Political Public Relations

Political Public Relations have been existing in the Russian Federation or more then 20 years when multiparty political system was launched. Each of the Russian political parties has their informational and communicational strategies and PR units to implement them during and between election campaigns. Currently together with the traditional PR promotional tools like posters, newspapers, brochures, radio television, Russian political parties widely usemodern IT like websites, SMS message for mobile phones, e-correspondence etc. We can expect rising of the political PR role in the contemporary Russia as the consequence of democratization of our political system and the new Federal Law about political parties. The law requires now only 500 members to register political party.[8)] In recent months Ministry of Justice had already received many applications to register new political parties. Thus we can expect more competitive political environment in ourcountry. To be competitive for any political party means to use public relations tools in promotion of their political platforms more efficiently.

Civil Society Institutions Public Relations (Non Governmental Organizations)

Civil society organizations are playing more and more important role in the Russian Federation. They represent many segments of the Russian society. It could be professional unions like Union of Painters, Union of Engineers or Union of Meat Supplies. Very important role play national and regional chambers of commerce like Union of Industrialists and Entrepreneurs. Charity organizations which provide support to children, deceased or disable people become more popular and trusted in Russia. Natural environment protection and ecology another important area of

---

8) In previous time Federal Law required 40,000 members and 50% regional branches to register political parties.

NGO's activities. There are many NGO's that declared their main goal in resistance to negative signs of Russia's social environment like drugs, corruption etc. And finally in recent time there are many NGO's close to the political affairs like protection of the human rights, abuse of discretion in police and penitentiary system.

1) Civic Chamber of the Russian Federation

Civic Chamber of the Russian Federation is a relatively new advisory body. The Civic Chamber of the Russian Federation was formed in three stages, in line with the Russian Federal Law N 32 from April 4, 2005 "On the Russian Chamber." Within the Chamber, 17 commissions, with sub-commissions focusing on various areas, have been set up. In addition, the Chamber's members participate in working groups, which include experts from NGOs and other private citizens. In line with the Russian federal law, 'On the Public Chamber of the Russian Federation', № 32, of April 4, 2005, one of the Public Chamber's functions is to facilitate coordination between the socially significant interests of citizens of Russia, NGOs, and national and local authorities, in order to resolve the most important problems of economic and social development, to ensure national security, and to defend the rights and freedoms of citizens of Russia, the Russian constitutional system, and the democratic principles of the development of civil society in Russia, through:

1. Involvement of private citizens and NGOs in the implementation of the government's policies;
2. Promotion and supporting civil initiatives that are of national importance for Russia and are aimed at implementing the rights, freedoms and legal interests of private citizens and NGOs;
3. Expertise of drafts federal bills and bills of constituent entities of the Russian Federation, as well as draft regulations of Russian executive bodies and local authorities;
4. Implementation of the public control over the activities of the Russian government, federal executive bodies, executive bodies of constituent

entities of the Russian Federation and local authorities, in line with the current federal law;

5. Development of recommendations for the Russian public authorities on defining priorities for government support for NGOs and other associations of Russian citizens that aim to encourage civil society in Russia;
6. Provision of informational, methodological and other forms of support to the public chambers set up in the constituent entities of the Russian Federation.[9]

In addition to the Civic Chamber of Russian Federation a regional civic chambers were established to facilitate communication between regional public authorities, NGO's and citizens on regional and local affairs.

Public Opinion Polls

Public Opinion Polls is a specific area of sociological research in order to understand citizen's feedback on key issues of public importance. There are many educational institutions, NGO's and private companies that are specialized in this kind of intellectual and research services and consultancy. Russian public authorities shared international experience in contracting external companies to make professional public opinion polls on various issues on competitive basis through the public tender procedure.

Not only public authorities are contracting professionals on public opinion research campaigns. The same tools are widely used by the political parties, printing, electronic and digital media and some NGO's.

There are some famous institutions that provide high quality public opinion research such as, for example, All Russian Center for Public Opinion Research, Levada Center, Public Opinion Foundation and many others. Mainly they are independent institutions and rend their service on

9) http://www.oprf.ru/en/about/

the contract basis. Their customers are Administration of the President of The Russian Federation, Government of the Russian Federation, Federal Ministries and Agencies, major Russian and International printing and digital media, international foundations, Russian NGO's.

There are many regional public opinion research institutions that provide this kind of services in their territorial communities primarily studying people's public response on regional and local issues.

Internet Communication

Internet Communication is a new public relations promotional tool for public authorities. Beginnings of 2011 public relations in the World Wide Web are considered as a special type of communicative activities. Most of the public authorities and informational agencies oriented their PR specialists on widening of their activity in the internet. So we can observe appearance of a new job in the informational industry - PR officer in the internet which now doubts has a hood prospect. The duties of such PR information officerin public authorities can be described by the following duties:

- Writing, coordination and content analysis of e-mail correspondence going in to public authority;
- Provision of the stable and actual level of internet communication between public authority and external environment;
- Promotion of the public service through internet;
- Organization of the feedback from citizens through e-mail correspondence, chats and other internet means.

The given type of internet communication is very important in the contemporary Russian Federation because in 2011 the number of internet users in our country is estimated on the level of 43~45 million people what equals to the one third of the country's population. More than 10 million people use internet every day. For particular social and age groups these statistics looks even more convictive. For example, 90% of the Russian students have a permanent access to the internet and only 2% never use this type of communication.[10]The total number of internet users in 2012 is estimated on the level of 52,4 million people which more than in any European country.[11]

A key factor in development of internet communication of the public authorities' public relations became the Federal Target Program "Electronic Russia", which was implemented during the period of 2002/2010 years. The main goals and objectives of this program were:

- Development of a legislation and regulatory system in the area of informational and communicational technologies;
- Provision of openness of public authorities and common access to public informational resources, provision of the favorite conditions for communication between public authorities and citizens on the basis of modern informational and communicational technologies;
- Improvement of the federal, regional and local authorities' activities on the basis of modern informational and communicational technologies;
- Improvement of the federal, regional and local public authorities' collaboration with the private companies and implementation informational and communicational technologies in private sector;
- Development of the educational system for specialists in IT-sector and educational system for advanced qualified users;
- Facilitation of the independent mass-media development through implementation of modern informational and communicational technologies;
- Development of the telecommunication infrastructures and building of the access points to the open informational systems;

---

10) Lebedeva E.V. Young People in the Information Society [Intertet] // *Russian Social Science Review*, vol. 52, no. 4, July - August 2011, pp. 8 - 9.

11) Россия укрепила лидерство по объему интернет-аудитории в Европе // C news интернет.20.01.12. - Url: http://internet.cnews.ru/news/line/index.shtml?2012/01/20/473755 (Russia strengthened its leadership about volume of internet audience in Europe).

- Elaboration of the e-trade systems etc.[12)]

Most of the goals and objectives of the Federal Target Program "Electronic Russia" were successfully achieved and the new informational and communicational system were introduced in all public authorities beginning with Presidential Administration up to small rural local authority. The Federal Target Program "Electronic Russia" was a cornerstone of implementing of the contemporary Western E-democracy in the Russian Federation.

Further developments of the active, interactive and bilateral internet-communications in Russian internet-environment (runet) caused development of the "Concept of E-Government" which was approved in 2008 by Government Arrangement N 632. In 2009 the following Decree of Government of the Russian Federation "About introduction of the changes into Federal Target Program "Electronic Russia" appeared.

The following E-Government goals and objectives were outlined:

- Optimization of the public service provision to citizens and private business;
- Rising of the citizens' participation in country's governance and management;
- Support and development of the citizens' self-service;
- Increasing of citizens' technological knowledge, skills and qualification;
- Decreasing of the geographical factor.

Thus E-Government Development Concept put two key strategic goals:

Firstly, provision of more effective and less costly public management and administration.

Secondly, introduction of a radical change in relationship of society and Government.[13)] According to the experts' opinion, implementation of these

---

12) Федеральная целевая программа «Электронная Россия (2002-2010 гг.)». 13.02.02. - http://www.oborot.ru/article/140/24(Federal Target Program "Electronic Russia").

13) Кучерявый М.М., Плотников В.А. Региональная модель формирования инф

two goals will lead to a significant improvement of democracy in the Russian Federation and rising of the public authorities' responsibility before nation. The new Federal Target Program "Informational Society" which serves these goals and objectives is suppose one trillion rubles (approximately 33 billion USD) expenditure on its implementation, 375 billion rubles will be covered by Federal Budget, the reminder will be covered by regional budgets and extrabudgetary funds.[14)]

Personification of the Communication

Personification of the Communication is a new trend in political and managerial leaders of the public authorities. Russian Ex-President Dmitri Medvedev was the first top politician who opened his personal blog and started to use internet environment in communication with the common people. During the next several years many Russian top politicians and officials (ministers, governors, members of the national and regional parliaments etc.) opened their personal internet resources. There are three types of resources representing personalities of politicians and public managers:

- Personal pages on the web sites of public authorities'
- Personal pages in the social networks;
- Personal websites.

In 2009~2010 years independent internet portal http://www.polit.ru started a new project "PublicPersons.Ru" (http://www.goslyudi.ru), where personal blogs of many Russian top officials were collected.[15)] Russian

---

ормационного общества (На примере Содружества Независимых Государст в) // Евразий ская интеграция: экономика, право, политика. 2012. №11. С. 141. (M. Kucheriavy,V. Plotnikov. Regional Model of Informational Society Development (On the sample of Commonwealth Community)//*Eurasian Integration: Economics, Law, Politics*. 2012. №11. С. 141.

14) Пономарев И. Мы не будем автоматизировать хаос // Радио России.16.07. 2010.Url: http://www.radiorus.ru/news.html?rid=304&date=16-07-2010&id=490140(I. Ponomarev. How we will make chaos automatic).

15) Чумиков А. Н., Бочаров М. П. Государственный PR: связи с общественность

experts A. Chumikov and M. Bocharov are offering some recommendation on rising of the competitiveness, attendance and demand of the top managers blogs:

- Personal blog should provide widening of the feedback opportunities, which must be direct and non restricted;
- Individual blog must be constructed in a form of personal trustful direct and non restricted conversation. It must not be a report about work already done.
- Political leaders are recommended to publish information about their current administrative position (very often they avoid to provide this sort of information), because this will actively attract and maintain attention of the target groups to their activities;
- Political leadermust not delegate running of thier blog to any external person, because in this case this blog will be not trusted as personal;
- Political leader must schedule his time to run his blog in a proper way;
- The blog must not be "over moderated";
- The political leader must be oriented on the particular target social groups.

Independent rating of the public officials' blogs was opened in the end of 2009 on the website http://www.gosblogi.ru/. Rating ofthe blogs is calculating on the basis of several indicators, number of people attended, number of quotations, number of references, number of comments etc. The rating is reviewed automatically each 20 minutes. The approval of the blogs' authors for rating is not required.

ю для государственных организаций и проектов: учебник для студентов вузов, обучающихся по направлению подготовки (специальности) "Реклама и связи с общественностью". – М.: ИНФРА–М, 2012. – С. 195. (A. Chumikov, M. Bocharov. Public PR: public relations for public authorities and projects: textbook for students for the concentration @2012. №11. C. 141. "Advertising and Public Relations." M., 2012, p. 195).

Public Relations Campaigns

Public Relations Campaigns are also a widely used tool in Russian Public Authorities. The goals of this event is promotion of efficient and useful for the community models of behavior in particular area of public interest. For the public authorities there are following types of PR–campaigns:

- Promotion of territorial community/territorial public authorities;
- Promotion of the organization/organization's leader and managerial personnel;
- Promotion of personality/top-manager interesting in personal development.

Promotion of the territorial communities is the leading type of the PR–campaigns for the Russian Public Authorities. This is caused from the country big territory and complicated territorial administrative structure as well as the demand of regional and local authorities to attract external investments.

The major goals and objectives of the territorial promotion could be as follows:

- Improvement/maintaining of the territory's competiveness, their industry and service sectors;
- Rising of the citizens' identification of the territory of their living;
- Attracting to the region of new businesses and resources.

At the beginning of the new Millennium the Russian Federation entered the stage of sustainable economic development and recovering of itsrole in the world politics. So in recent 10~12 years there are many projects in promotion of the Russian's good remarkable image in internal and external environment. Shortly the idea of country's positive image was expressed by current Russian President Vladimir Putin: "Russia is consistent country with great future and mighty nation."

We can make several general conclusions from the description of the public relations system functioning in Russian public authorities:

1. Public relations activity recently has become a very important part of the democratization processes in the contemporary Russian Federation providing interaction between public authorities and various groups of population.
2. The Russian Federation's public relations stakeholders, institutions, units, experts continue to sharing the best world practice in this particular field specifying achievements of other countries to the circumstances of Russian economy, social and political environment and system as well as to the Russian national mentality, values and attitudes.
3. Public relations is a very important service for citizens because it provides good information flow about politics, policy and managerial decisions, but at the same time it is important service for the public authorities themselves because public relations provides feedback from citizens.
4. Public relations became very important sector of public administration. Considering number of public relations units in public authorities and raising number of their employees this area requires more and more well professionally educated personnel in order to fulfill many complicated goals and objectives of PR. Currently many Russian universities offer bachelor and master degrees and short term training courses in "Public Relations." One of them is the North-Western Institute of Management of the Russian Presidential Academy of National Economy and Public Administration. We have special focus on educating and training people to work in PR units of Russian federal, regional and local public authorities.
5. There are many important stakeholders in the area of public relations provision and implementation in federal, regional and local public authorities. They are:
   - Public authorities themselves as the policy makers and public service supplies;

- Citizens or Civil Society;
- Civil society institutions NGO's
- Mass media: newspapers, magazines, radio, television, internet;
- Political parties and groups;
- Public opinion research companies both public and private;
- Educational and research institutes.

6. Public Relations became in Russia an important segment of the service market. I can even say Public Relations today is a well developed service industry that involves many organizations and people with significant cash flow and employment. This sector operates totally under the basic conditions of market economy. The public relations in public authorities is an important and relatively big segment of this market.

Publications:

1. Федеральная целевая программа «Электронная Россия (2002-2010 гг.)». 13.02.02. -http://www.oborot.ru/article/140/24.
2. Бануляк Н. А. Службы по связям с общественностью в органах государственной власти / Н.А. Бануляк // Социология власти. -2011. -N. 5. -С. 165-171. (N. Banuliak. Public relations units in Public Authorities. *Sociology of Power*. -2011. -N. 5. pp. 165-171).
3. Sam Black. *Practical Public Relations*. London - NY., 1983, p. 15; 317 c.
4. Коданина А. Л. Связи с общественностью в органах государственной власти и управления//Социология власти. -2010. -N. 2. -С. 219. (A. Kodanina. Public Relations in Institutions of Public Power and Management. *Sociology of Power*. -2010. -N. 2, p. 219).
5. Косов Ю.В. Феномен глобализации в современных международных исследованиях // Научные труды Северо-Западной академии государственной службы. 2011. Т. 2. № 3. С. 108-121.(Y. Kosov. Globalization Phenomenon in Contemporary International

Research // *Research Papers of the North – Western Academy of Public Administration*. 2011, volume 2, N 3, pp. 108-121).

6. Кучерявый М.М., Плотников В.А. Региональная модель фор мирования информационного общества (На примере Содруже ства Независимых Государств)//Евразий ская интеграция: эк ономика, право, политика. 2012. № 11. С. 138-143.(M. Kucheriavy, V. Plotnikov. Regional Model of Informational Society Development(On the sample of Commonwealth Community)//*Eurasian Integration: Economics, Law, Politics*. 2012. № 11. C. 141.
7. Панкрухин А. Бренд с названием «Россия». -http://ruscourier.ru/archive/2762. (A. Pankrukhin. Brand called "Russia").
8. Пономарев И. Мы не будем автоматизировать хаос//Радио Р оссии. 16.07.2010. -Url: http://www.radiorus.ru/news.html?rid=304&date=16-07-2010 & id=490140(I. Ponomarev. How we will make chaos automatic)
9. Россия укрепила лидерство по объему интернет–аудитории вЕвропе//Cnews интернет. 20.01.12.–Url: http://internet.cnews.ru/news/line/index.shtml? 2012/01/20/473755(Russia strengthened its leadership about volume of internet audience in Europe).
10. Сморгунов Л.В. Современная сравнительная политология. - М.: ИНИОН, 2002. 472 с. (Smorgunov L. *Contemporary comparative political science*. - M., 2002. p. 484).
11. Угрюмов В. Б. Государственная информационная политика и система подготовки специалистов по связям с общественностью// Управленческое консультирование. -2011. -N. 4. - С. 170–181. (V. Ugrumov. Public Informational Policies and Education of the Specialists for Public Relations // *Managerial Consultancy*. -2011. -N 4, pp. 170–181.
12. Чумиков А. Н., Бочаров М. П. Государственный PR: связи с общественностью для государственных организаций и про ектов: учебник для студентов вузов, обучающихся по напр авлению подготовки (специальности) "Реклама и связи с о

бщественностью". -М.: ИНФРА-М, 2012. -329 с. (Chumikov, M. Bocharov. Public PR: public relations for public authorities and projects: textbook for students for the concentration "Advertising and Public Relations". M., 2012, p. 195).

13. Lebedeva E.V. Young People in the Information Society [Intertet] // *Russian Social Science Review*, vol. 52, no. 4, July-August 2011, pp. 8-9.

Public Communications for Synergetic Public Administration in Belarus: Developing Trust Dimension

Introduction

We would like to start our paper with the abstract from the speech of the Head of Presidential Administration of the Republic of Belarus made this year at an International Media Forum under the title "Partnership for the Sake of the Future: Model of a New Era" that took place in Minsk, Belarus.

"What is this new era? Philosophers and scientists have different names for it: post-modernity, multi-polar world, postindustrial society, modern information society. We become witnesses to the dramatic transformation of the world. However, it turned out that the humanity is largely unprepared for those changes. Our thinking doesn't catch up with material transformations. Thus, old and tried recipes do not work anymore in this fast–changing environment while the new ones haven't yet evolved.

The whole point of the on–going transformations is that the development patterns of IT technologies and financial markets are really making this world more and more interdependent socially, militarily and politically, and, of course, economically and culturally. This doesn't mean

* Ihar Hancharonak(Professor, Dr., Vice-Rector on Academic Affairs, Academy of Public Administration under the Aegis of the President of the Republic of Belarus).
* Tatsiana Prannik(Dr., Director, Centre for International Cooperation and Educational Programmes, Academy of Public Administration under the Aegis of the President of the Republic of Belarus).
* Anatol Marazevich(Professor, Dr., Rector, Academy of Public Administration under the Aegis of the President of the Republic of Belarus).

that the world is becoming more united and comfortable and presents a common home for the humankind as it was dreamed by globalization idealizers in the early 1990s. Today we can well see that a free hand given to the flows of commodities, capital, information, workforce is also bound with a deep stratification of the human kind. The stratification happens both territorially and socially. It gave rise to the so-called "failed" new states. Whole new regions emerge where power is exercised by criminal gangs, drug syndicates or private military companies. Modern inequality is tracked even in advanced states and manifests itself in the ways unheard of in the past course of history. Inequality often makes normal existence and sustainable regeneration of society impossible what has recently been proved by examples of Lebanon, Egypt and a number of other countries.

The modern society can now be depicted as a network of free choice connections. It is characterized by a network individualism and growing communication privacy. The true value of the Network lies not just in data processing but rather in fostering community development where volunteer groups replace faceless masses. And this important factor should be accounted for. We are facing a challenge there: by whom and for what purposes the energy of these network communities will be handled and is there a danger that the minds of network members will be manipulated by wrong-doers. So there are two sides to it: if developed efficiently networks might become a new platform for creative effort but they also present real hazard when a destructive scenario is on play. One of foreign authors had a point when calling our modern society an assemblage of networktized minorities, a scatterbrained self-managed society" [1, p.55].

In that respect the issues of successful public communications for enhancing government trust become of great importance and can provide a solution to some of the above mentioned problems. Moreover, we suggest well-known in science synergetic approach which provides the basis for smart self-organization. The latter case presents a good government as a parameter of order.

Building Trust in Government in the 21st Century

Concerning the problem of building trust there arise some initial questions that has being pointed out by P. K. Blind [2]: Why is trust so important for good governance? How can individual political representatives and political institutions such as governments and their respective branches foster and develop trust in a way and degree to assure good governance? How does trust relate to the new social, political and economic requirements imposed by globalization and why is it crucial, now more than ever, to cultivate and maintain trust?

The above mentioned author suggests numerous definitions of trust. Trust is a complex interpersonal and organizational construct. "Trust occurs when parties holding certain favorable perceptions of each other allow this relationship to reach the expected outcomes." A trusting person, group or institution will be "freed from worry and the need to monitor the other party's behavior, partially or entirely." In that sense, trust is an efficient means for lowering transaction costs in any social, economic and political relationship. Trust is also much more than that. It is the underpinning of all human contact and institutional interaction. Trust comes into play every time a new policy is announced.

Russian Dahl Thesaurus (on of the most respectful sources of that kind) gives the following definition to the Russian word "doverie" which means trust: "trust is a feeling or conviction; confidence in reliability" [3]. It means that both the Russian and the English term are connected with the reliability of system. A. Giddens suggests the definition of active trust and points out that posttraditional social relations require trust to be developed in contexts stretching from tight personal bonds to global systems of interaction [4]. Trust needs to be "worked upon." Active trust implies a reflexive process of trust development which requires continuous communication and openness [5, p. 370].

In our paper we will follow the ideas of P. K. Blind concerning the structure of political trust and it's links with social trust and good governance that correspond our vision of the problem [2]. Trust in general has two main variants. Trust assessed in political terms is the so-called political trust. Political trust happens when citizens appraise the government and its institutions, policy-making in general and/or the individual political leaders as promise-keeping, efficient, fair and honest. As such, "political trust is a central indicator of public's underlying feeling about its polity."

Political trust can be directed towards the political system and its organizations as well as the individual political incumbents. The first category of political trust is referred to as the macro-level or organizational trust. The organizational political trust refers to an issue-oriented perspective whereby citizens become trustful or distrustful of government "because they are satisfied or dissatisfied with policy alternatives." The second category of political trust, or the so-called micro-level or individual political trust, happens when trust is directed towards individual political leaders. The individual political trust involves a person-oriented perspective whereby citizens become trustful or distrustful of government because of their approval or disapproval of certain political leaders.

The organizational and individual political trust is a categorization based on the object towards which trust is directed. Political trust also has variants basedon the different types of motivations people have when trusting their political institutions or leaders. Accordingly, political trust can be accorded based on rational and/or psychological models of reasoning. Rational political trust involves an interest—based calculation whereby citizens evaluate whether the government and/or the political leaders act in accordance with their partisan agenda. Citizens who follow the tenets of rational political trust, therefore, tend to trust the political party or the political leaders with whom they identify.

Political trust, however, transcends partisan and/or ideological attachments. Trust in government by itself has now become an important and independent predictor of support for government policies, and more important than partisanship or ideology alone. Psychological political trust involves an assessment of the moral values and attributes associated with a certain government, political institution and/or individual political leaders. As such, it refers to the perspective that people might have on the trustworthiness of their political representatives. In political trust based on psychological reasoning, people search for sincerity and truthfulness in the personality, public appearances, speeches and behavior of their political leaders.

Different variants of political trust are mutually inclusive and work together. Lack of trust towards specific incumbents, for instance, can transform itself into a distrust of different political institutions, and ultimately, of the political system as a whole. People (or trustees), in trusting their representatives and political institutions, combine rational and psychological political trust, thereby trying to strike an acceptable balance between the maximization of their interest and their perception of the ethical qualities of the political elite (or trusters). The legitimacy and durability of democratic systems, in other words, depend in large part on the extent to which the electorate trusts the government to do what is right and perceived as fair as well as what is efficient.

Political trust does not emerge, nor does it operate in a vacuum. Social trust, which refers to citizens' confidence in each other as members of a social community, is inseparable from the notion of political trust. According to Putnam's eminent theory of social capital, civic engagement in a community and the interpersonal trust among its members contribute to the rising of overall social trust in a given society. Face-to-face contact with members of the community in societal associations allows people not only to get to know each other better in personal terms, but it also permits them to extend the positive feeling derived out of this civic experience to strangers in the society and in the government. It is a well-known fact that citizens who are not involved in civic activities tend to view the government and its institutions in more negative terms. Social capital has a significant and strong effect on trust in government apart from, and along with, government performance [6, p.48].

While social trust and political trust are not mutually exclusive of each other, there is a controversy in the literature about the causality of the relationship as well as the direction of this causality, if any. Is it the social capital and the forging of social thrust which then breeds political trust, or is it the other way around? Can trustworthy governments foster social capital and create trustful and active civic communities? What are some of the tools to converge social and political trust in order to bring about efficient and durable political systems? Different theoretical schools offer different answers to these questions: Modernization theorists, like Almond and Verba and Finifter, maintain that increasing social trust is associated with increasing political participation, especially in the form of voting. Increased participation, in turn, is a generally accepted sign of political trust and democratization. Sociologists, on the other hand, associate increasing social distrust, and not trust, with a more active political involvement, and eventually, enhanced political trust, for instance, goes as far to affirm that contentious politics, in the form of increased social protests and new social movements, constitutes a sign of working trust in industrialized democracies [2, p.6].

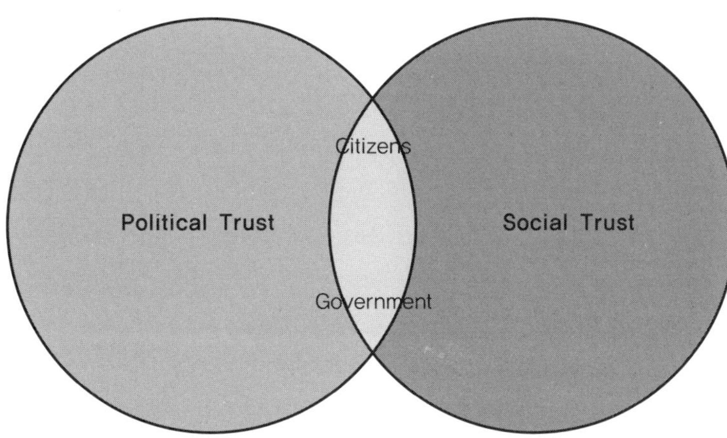

Figure 1 Trust as intermediate "state" between society and state

Links between Trust and Governance in the Global Age

How can trust help to build good and effective governance?

Globalization is a process that encompasses the causes, course, and consequences of transnational and transcultural integration of human and non-human activities. Globalization involves economic integration; the transfer of policies across borders; the transmission of knowledge; cultural stability; the reproduction, relations and discourses of power [7, p.1]. Thus it is a complex concept that refers to a series of social, political, economic and technological changes spurred by increasing interaction and integration among people, companies and governments of the world. Globalization can be categorized as economic, political, social and technological globalization.

Globalization has led to a redefinition of the functions and the role of the state. State now has to be a strategic planner instead of a provider of goods and services. The new state also has to pursue fiscal conservatism and create wealth by offering a propitious economic environment for foreign and domestic capital. The new state has to adopt the core values of integrity, professionalism and respect for diversity while being fully proficient in communications, technology and economic competition. The new state must also be endowed with political legitimacy and accountability. While the new state should be ferocious when it comes to capturing markets and attracting investments, it should also care about softer variables such as norms, values, rules and symbols. The new state has to be a "competent state." Trust is an essential ingredient in the building of a competent state. The competent state, by definition, strives to foment and maintain what can be called a trust culture. A trust culture is where citizens feel that they have a more or less equal and potential chance of making a difference in the political decision-making. This is where good governance comes in as the indispensable corollary of the trust culture.

Good governance describes an open and efficient way of conducting public affairs, managing public resources, and guaranteeing the realization of human rights. Good governance accomplishes these goals in a manner essentially free of abuse and corruption and with due regard to rule of law. Trust, both in its social and political forms, is the sine qua non of good governance. Good governance and trust feed into each other: trust breeds good governance, and vice-versa. Political trust is considered as the main motor of good governance. A high level of trust in government and political incumbents benefits all of the citizens, especially minorities and people who are at a relative disadvantage in socioeconomic and/or political terms [2, p. 16].

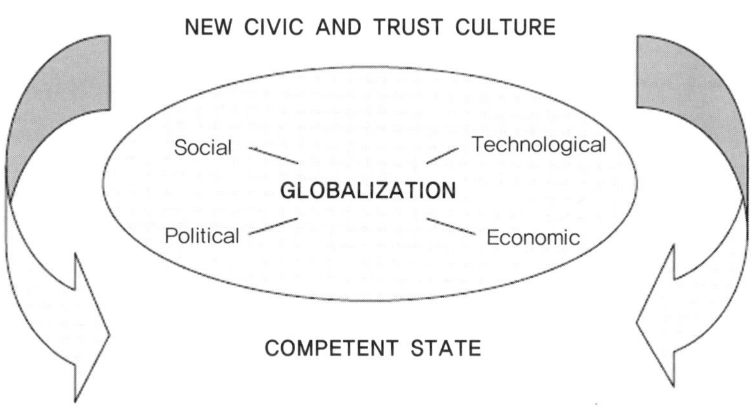

Figure 2 Public Trust in Government and Communication

Public Trust in Government and Communication

Korean experts J. Park & K. Cho (2009) carried out a profound research on declining trust between government and publics and the role of social media in the government public relations [8]. Public trust in government is determined by the level of public satisfaction and public expectation of government performance. Public trust is a cognitive reflection of the information obtained by the public regarding government performance, and indicates the gap between the public's expectation and reality. Public distrust in government is attributed to lack of transparency, inefficiency, ineffectiveness, and policy alienation. The political, economic, socio-cultural elements are critical factors to determine the level of public satisfaction. Declining trust in government in turn leads to less positive evaluations of public authorities and reduced support for government action to address a range of domestic policy concerns.

In recent decades, public trust in government has grown decreasing (2012 Edelman Trust Barometer results) [9]. Public trust in government is important for political leaders and public administrators to make binding decisions and commit resources to attain societal and policy goals and secure citizen compliance without coercion. Increasing public distrust implies the public's withdraws of supports for government and less willingness to comply with government decision. Thus, to ensure better evaluation politicians and public administrators have attempted to influence the public opinion on them through disseminating positive performance or increasing points of contact to public.

The public often has wrong information, misunderstanding of policy intention, and a biased perception of government performance. Consequently, the public misunderstanding and biased public perception of government performance is embedded in the puzzle of public trust. Miscommunication among public officials, public agencies and citizens is likely to result in distorted interpretation of information and negative impression on government performance. The lack of contacts to public and limited access to government worsens the negative image of government. Thus, it implies that communication plays a pivotal role in solving the puzzle of public trust.

Communication is the delivery system of message between two actors, and government typically uses a language of public relations to guide and advocate public perception of government performance. The mechanism of public relations is the newsmaking process. Public officials disseminate news to mass media and deliver their message to pubic by means of news releases, interviews, and news conferences. Traditional communication of government is unidirectional; government provides and transmits information as an owner of government performance information. Mass media such as news, radio, and television has a simple function of receiving information and delivering message to public. However, according to Fukuyama [10, p.47] rapid development of ICT broke down the monopoly of state authorities on information.

The communication does not mean the simple transmission of information. Restoring public confidence in government through governmentpublic relations depends on how well communication system makes citizens to participate in the venue of public policy makings. The interactive dialogue between government and public may alleviate information asymmetry and change the attitudinal view on the government performance to positive way.

Whereas one-way communication emphasizes the provision of information on government performance, two-way communication focuses on the mutual understanding between government and public. The selection of one-way or two-way communication model determines the degree of information asymmetry so that influences public trust in government. One-way communication has been challenged by continuous decline in public confidence in government. As the public-private partnerships are increasingly growing, the public administration begins to grasp the importance of participation and interaction between government and citizens. Traditional one-way communication, which government is major prominent of information and decision making, has been challenged by the needs of collaboration in public service delivery. In addition, increasing power and influence of publics make government to listen the voice of citizen to implement public policy without coercion [8, p. 6].

The development of ICT accelerates the attitude of government toward effort to hear the voice of publics and better communication between government and publics. After the ICT causes the breakout of information monopoly, the traditional way of communication does not work well as previous. These changes make the government public relation practitioners to develop alternative methods of public information delivery. In other words, the stream of public relations which mainly focus on unidirectional influence of persuading public has changed toward emphasizing reciprocal communication. Government public relations also come to change their strategy in direction of fostering two-way communication between government and public.

Swift development of Web 2.0 and social media, in particular, has affected all facets of public life. It could not but influence political sphere as well. Blogs and personal sites have democratized and simplified communication between politicians and people allowing space for feedback on either side. Today it is to blogs and social networks that millions of users turn to for up-to-the-minute information.

The Web 2.0 trend is on rise which is a consequence of two extended processes: Internet becoming a powerful media and public and business organizations seeking openness and dialogue with their audiences.

Web 2.0 achievements in multimedia create opportunities to carry live information to a potentially limitless audience, i.e. practically to every person. We can't but agree with D. Scott that nowadays, the information area is regulated by new laws and former techniques of the "printed" PR with mass brain washing via national media have become ineffective. After years of mass media domination Internet brought publicity back to PR [11, p.28]. Social media create a special platform for PR where the audience can be addressed directly without having to turn to the media (the expression "social media" is used as a general notion to describe all kinds of Internet Web 2.0 units - blogs, social networks, data exchange services, news sites, etc).

Social media reaches out to larger audiences which is hardly possible with original PR channels. Web 2.0 main advantage is that it creates an environment for direct interactivity and promotes citizen participation. Social media's feedback differs dramatically from the traditional e-communication channels as it provides a high level of personal identification and responsibility. At present public authorities are becoming more active in using Internet resources for direct interaction with people. At the same time it is a two—way process and the audience influences a statesman in equal measure. Moreover, it is not feedback's character that is so important but rather its merepossibility.

Present-day Russian researchers [12] pointout a number of obvious reasons why decision-makers start blogs and social network accounts. Firstly, when feedback is used appropriately the people's loyalty increase, they begin to trust the information they receive. Secondly, social media is a good instrument for controlling opinions and building up and managing one's reputation. Statesmen also improve their image with Web 2.0 as simply the fact of using it overturns the bias on state bureaucrats being retrograded red-tapists. Expanded Internet public presence has become somewhat a trademark for decision-makers testifying their being in tune with the modern times and thus attracting supporters among their potential electorate.

A challenge arises here concerning to what limits state authorities can allow being open. When touching upon private issues a public official trespasses on the borderline which is necessary to retain between the government and the people. As a result the government's authority may be undermined by this. On the other hand, if a blog's content gets too official, it will equal to junk information on the Internet.

The Internet and the blogosphere in particular present only one of numerous communication channels that are actively used by state's key decision-makers. And the question is not in actually statesmen's using the Internet for transmitting their ideas and influence but to what level they will manage to bring it eventually. It is a matter of a personal managerial style and G2B communication. Some are used to TV communication while others stake on the Internet.

State executives have to perform certain duties and responsibilities and being a blogger is their free choice. If a person has something to say and share about his work in the civil service and if other users find it interesting, than the executive gets a chance to promote his reputation via his blog. But if he's there only because he was told to and the posted information is redundant as it repeats the official documents and press releases, then such blog is very likely to bring his popularity down.

Blog's design and subject scope have a direct impact on it being popular on commentaries. Thus, the least commented are the blogs of a "report" format where politician's responsibilities are in main focus. More reaction is tracedto the posts on socially important matters even if the author is not directly involved. Finally, blogs that combine reporting, personal opinion and analytics are the most commented ones. The more personal a posted opinion is the more attention it will get from the audience. The number of subscribers relates to how often the blog is being updated. Thus, blogs that have only 1~3 new posts per month have ten times less subscriptions than those that are being updated once a week [12, p. 223]. Feedback is one of the main functions of blogs written by government officials.

In general, decision-makers make the following common mistakes when blogging—they take up an overly official manner and formalism in presenting information, limit commentaries to certain rulesand escape discussion and, finally, they rarely update their posts. At the same time a state officer who has truly embraced responsibility before the society and who really cares about his reputation, even when communicating via informal tools such as blogs and social networks, has to keep in mind that each word he says and each step he makes will be interpreted not only as his personal point of view but as the government's standpoint in general.

Blogs haven't won the same popularity among Belarusian statesmen as they did in Russia. President Medvedev's blog on the e-resource "kremlin.ru", which he used extensively during his office, registered about 1.5~2 millions of visits each month and 200 thousand of them were first-time visitors. The blog has not only attracted large audiences but created a platform for a lively discussion over the President's posts. Most comments were left by people aged from 20 to 40 (53%) but there was also a lot of commentary from people over 40 and 50 as well. The latter left about 36% of comments. The 'under 20' group constituted only 4% of the commenting audience which is rather natural. People at such young age do not take as much interest in politics as their senior fellow-citizens [13].

As for the Belaruscase social networks are used very seldom and only for creating official representations of public structures. Application of social media by governmental authorities cannot be called a comprehensive and successful process. Only a limited number of blogs promote reputation of the government or its units. As an example of using social media can be presented twitter and facebook of State Border Committee twitter accounts are held by Ministry of Defense, Ministry of Internal Affairs, Ministry of Foreign Affairs, Ministry of Taxes, Ministry of Sports and Tourism, Ministry of Culture and other.

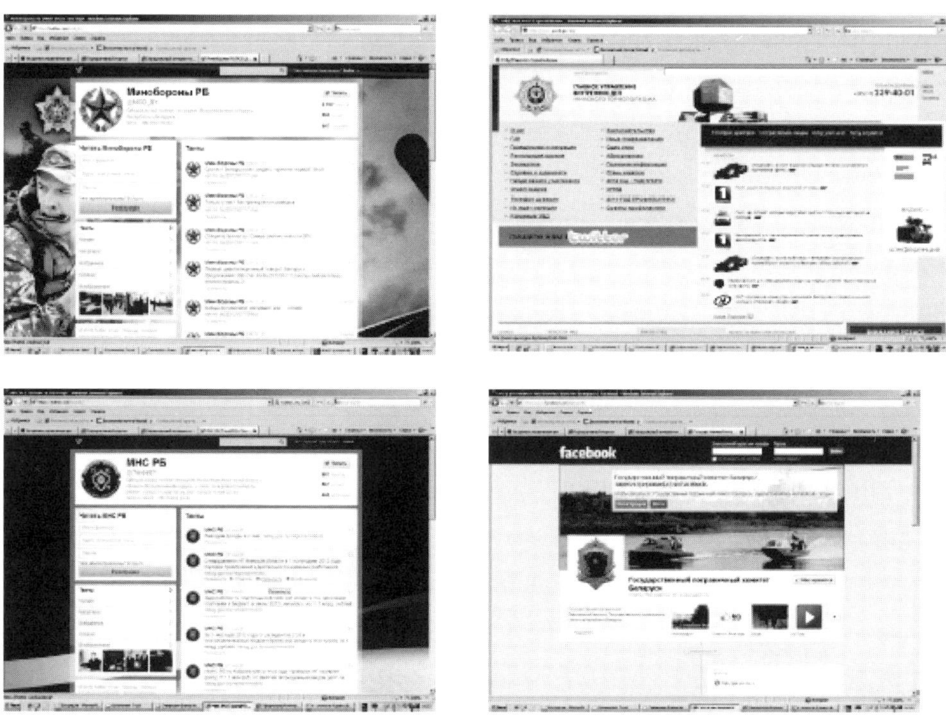

Figure 3 Twitter and facebook of the state Border Committee twitter accounts

Media Structural Reformation in Belarus

An effort on creating extended media structures which will become leading national printed editions is being undertaken in Belarus at present. Two media holdings will eventually replace uncoordinated editorial boards. The first media holding is to bring focus on public and political agenda while the second one will highlight the cultural scope of issues. Thus, creative potential will be concentrated and economic activities optimized.

High-quality information produce, both printed and virtual, is envisaged as the media reformation's result. It is supposed to bring open dialogue and to expand the target groups of readers. It also roots in the important contribution that internal evaluation and citizen participation bring to solving day-to-day issues. Readers and audience including Internet users should get a clear understanding what is going on in the world and what chances are out there for them considering current state of affairs [1, p.57].

The communication plays a pivotal role of building up the image of government. Frequent contact, quality and quantity of information and dialogue, emotional distance between sender and receiver determines the influence of communication on reflection of organizational behaviors and performances. The negative image of closed and inefficient government can be enhanced by government public relations which manipulate or influence the sentiment of public. Since the public attitude to government relates the reflection of public on government performance and behavior, government public relations can establish positive image of open and responsive government by disseminating positive government performance.

Using Information and Communications Technologies

New technology offers innovative means for communication, enabling governments to reach large numbers of people. Governments should make the most of this opportunity to create new tools for information and consultation, including electronic surveys and polls, electronic voting, etc.

E-government can be an excellent instrument to pursue a strategy for better interactive communication and transactional systems.

Belarus' President Aleksandr Lukashenko commissioned the government to elaborate a policy on all-encompassing informatization oriented on rendering a wide spectrum of e-services to citizens and businesses and on introducing informative interaction principles to the governmental practices. Those tasks President voiced in his annual Address to the Belarusian people and the Parliament on April 20, 2010 [14].

In this context it is important to point out e-government as one of the significant constituent parts of the G2C framework. Belarus has prioritized on developing an e-government system. Thus, in 2001 the National Programme on Informatization of the Republic of Belarus for 2003~2005 was launched and the programme "E-Belarus" with a subproject "E-Government" was also started as a long-term project to be implemented up to 2010. 107 projects were implemented in the framework of this subprogramme. They included projects on cross-agency interaction among public bodies; transition to e-documentation on business registration and follow-up procedures; services in the spheres of public health, education and consultation.

The level of ICT advancement continually increases in Belarus. Thus, as of latest UN data Belarus occupies 48 place in the international ranking for 2012 on the level of telecommunication infrastructure's development and 61 place (among 193 other states) in the ranking on the e-government readiness index. Considering the first factor Belarus has progressed from 84 to 48 position in comparison to 2008. Meanwhile Russia made it from 63 to 30 position and Kazakhstan - from 91 to 78 place. All these testify to the fact that among member states of the Customs Union Belarus has witnessed the highest development rates in telecommunication infra-structure during the last two years. That allows the country to fully satisfy the growing information needs of its citizens, businesses and government, create favourable environment for rendering e-services, build up public information resources and open access to them. On the other hand, the Common Economic Zone with participation of the Customs Union states demonstrates considerable competitive advantages [15, p. 230].

The Strategy on development of information society in Belarus for the period until 2015 was adopted by the ministerial decree of August 9, 2010 #1174. The strategy's objective was to promote ICT development in the country. According to the Strategy's policy public administration is the key area for ICT implementation. Elaboration and promotion of the system on rendering open, available and high quality e-services to citizens and businesses is the major objective for developing e-government in Belarus.

Table 1 2012 World ranking on e-government development level

Rank	Country	Index
1	**South Korea**	**0.9283**
7	Sweden	0.8599
15	Switzerland	0.8134
20	Estonia	0.7987
21	Austria	0.7840
25	Slovenia	0.7492
27	**Russia**	**0.7345**
29	Latvia	0.7333
31	Hungary	0.7201
38	**Kazakhstan**	**0.6844**
42	Lithuania	0.6604
46	The Czech Republic	0.6491
47	Poland	0.6441
60	Bulgaria	0.6132
61	*BELARUS*	0.6090
62	Romania	0.6060
68	Ukraine	0.5653
69	Moldova	0.5626

Source: The United Nations E-Government Survey 2012: W-Government for the People[16.].

A number of first steps have already been made in this direction. And in particular, a common e–services portal has been started up which has a number of resources connected to it.[1)]

The portal comprises many services that do not require user identification and are already available to citizens and businesses. Besides that, a corresponding ministerial regulation has been issued where a set list of basic e–services that are to be available on the common e–services portal by 2015 is defined. President's Decree on establishing a special organization on e–services promotion has also recently come into power [15, p. 231].

Computer–based interaction can potentially reach those citizens who would otherwise be reluctant to express or listen to different viewpoints. The enhanced technological tools at the disposition of countries today can be used to devise virtual models of participation where citizens can interact and share opinions freely and openly on the Internet. Enhanced computer technology can also allow citizens to contact their political representatives more easily, and hold them accountable for their deeds. E–government, as such, also forces many civil servants to post regular and detailed information about their performances on the Internet. E–participation and e–government, therefore, do not only decrease information

---

1) The common e–services portal has been gradually introduced to the practices of public bodies since 2010 with the overall aim of shifting to e–type governmental activities. The common e–services portal has been functioning since 2011 and gives access to the following information:
   - 3 basic public information resources: the Ministry of Home Affairs (Passport); the National Cadastral Agency (Common National Register of the Real Estate Property" the Ministry of Justice (Common National Register of Legal Bodies and Individual Entrepreneurs);
   - 11 other public information resources: the National Bank, the Ministry of Education, the Ministry of Culture, the Ministry of Home Affairs, the Ministry of Transport, the Ministry of Agriculture, the Ministry of Taxes and Duties, the State Property Committee, the Ministry of Finance).

   At present 117 free–of–charge e–services (no registration required) are available on the portal. The services are structured in the registry according to their main characteristics (e.g. agencies, living situations) and are presented on the portal's home page as a catalogue with links to other sites/portals.

   The portal has 43 organisations and banks as its registered users while 14 other are expected to submit their registration applications. About 250 thousand users visited the portal during 2011.

asymmetry between governors and the governed, but also enhances transparency and public trust by inviting greater citizen participation and oversight of police affairs.

But electronic communication can merely complement, not replace, other consultation tools, and is not suitable for all policy issues. Furthermore, not all citizens have easy access to the Internet; relying too heavily on electronic communication can lead to the exclusion of some segments of the population, often those with the most urgent needs and the least influence. Governments need to help bridge the digital divide and ensure that citizens have the necessary access to technology and the skills to use it. They also need to continue to use and develop more traditional means of communication and consultation, including focus groups, deliberative dialogue, town hall meetings, and surveys [17, p. 7].

A Changing Civil Service

The beginning of the century brought many reforms, changes and novelties into the sphere of public administration. In seeking to solve the country's complicated problems, the main attention focused on the increase of the effectiveness and usefulness of the state structures, the stability of the machinery of state and the improvement of professionalism and responsibility. Public servants training is one of the means for improving public administration and enhancing a continuous policy on public stuff training which aims at ensuring the implementation of objectives set to state and self-government institutions [18, p. 49].

To help ensure that civil servants are motivated and involved, and have the skills they need for thenew environment countries should focus on training. The Belarusian model of a Master Degree Program in E-Government developed recently on the basis of our cooperation with KIPA has got very positive response from the countries of the EU initiative "Eastern Partnership."

Conclusion

We would like to conclude our paper with some important statements made at the Meeting of the Public Governance Committee at ministerial level that took place in Rotterdam in 2005 and still keep their topicality [17]. In many countries, governments are concerned with strengthening citizens' trust in government. But public trust is multi-faceted and complex; governments need to address it in many different ways.

Trust between a government and itscitizens is an essential element of the democratic contract and a prerequisite for effective public policy, a healthy democracy and a thriving economy. Public trust is achieved when citizens are confident that the government will protect and serve the public interest. Such confidence is based not only on whether the government has kept its side of the bargain, but also on citizens' perception that it has done so. Trust therefore needs to be constantly consolidated and reinforced. Indeed, accumulated trust is "capital" for governments to "invest" in reform.

A decline in trust can lead to lower rates of compliance with rules and regulations and make it more difficult to introduce and implement them. In particular, lack of public trust can make it difficult, if not impossible, to implement reforms and policies that will only produce benefits in the long term and which may have perceived negative effects for some citizens in the short term.

Political leaders and policy makers need to address a range of challenges if they are to successfully build and maintain trust. These challenges involve both the political and administrative levels of government, and include how government communicates with its citizens, what the citizens themselves expect, and whether governments can deliver the promised results.

"Good government" can be described as responsive, responsible and legitimate. A responsive government listens to citizens and takes their needs and expectations into account. A responsible government is fair, inclusive, respects the rule of law, works for the collective interest, and looks at the medium to long term to ensure that future generations are not short–changed. A legitimate government is a government deserving of the trust of citizens.

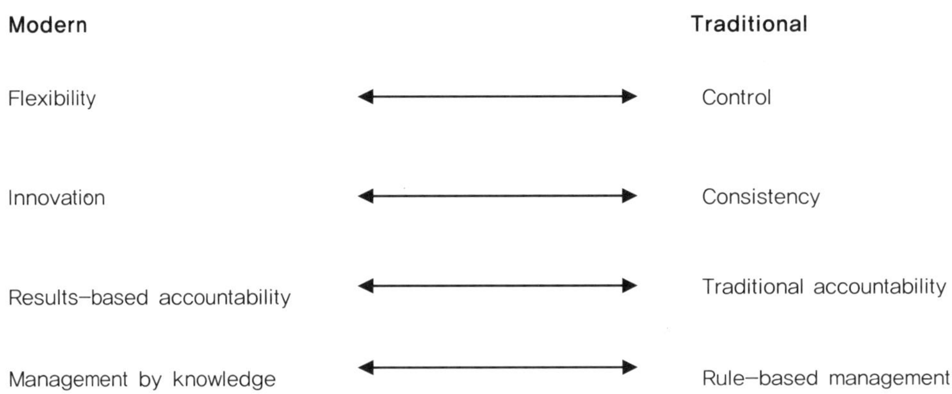

Figure 4 Aspects of modern and traditional government: Finding the right balance[17]

Gaining and keeping the public's trust is an ongoing challenge – but one that governments must meet to carry out programs successfully, especially reforms.

The two–way communications with citizens are essential to formulating and implementing effective policies, as well as to strengthening trust. New technologies can provide innovative ways to communicate, but these should merely complement, not supplant, more traditional forms. A proactive, multi–pronged approach is the most effective, including both broad–based (e.g. surveys and polls) and more targeted (e.g. focus groups) communications efforts, as well as dialogue with civil society organizations and interest groups. It is important to ensure that the results of consultation exercises are taken seriously. It is also important for governments to be clear with the public, to explain risks and necessary trade-offs.

Easy access to information, tools of e–governance, efficient delivery of services, face-to-face contact and creative and efficient ways of dealing with issues of distrust by converting them into issues of trust are some of the tools that can promote increase in government trust.

Building and strengthening public trust is an over–arching goal of any government. This goal according to the experts can be partly achieved by work on:

- assessing results of reform, including the development of key indicators of good government and efficient public services;
- open and inclusive policy making, increasing transparency and engaging citizens for better policies;
- improving risk awareness, assessment and management in the public sector; and
- building better relations across levels of government, particularly in a context of decentralization.

References:

1. Makey, V., Development of a Modern World through Dialogue, Partnership and Mutual Respect. Information Newsletter of Presidential Administration of the Republic of Belarus, #6, 2012.
2. Blind, P. K., Building Trust in Government in the Twenty-first Century: Review on Literature and Emerging Issues, 7th Global Forum on Reinventing Government. Building Trust in Government, Vienna, Austria, 26-29 June 2007. Accessible at: http://unpan1.un.org/intradoc/groups/public/documents/un/unpan025062.pdf
3. Dahl, V., Thesaurus of Russian Language On-line, “Doverie.” Accessible at: http://vidahl. agava.ru/cgi–bin/dic.cgi?p=42&t=6479
4. Collection of on-line dictionaries, “Doverie.” Accessible at: http://www.

onlinedics. ru/slovar/soc/d/doverie.html

5. Bachmann, R. & Zaheer, A. (ed.). *Handbook of Trust Research.* Bodmin, MPG Books Ltd., 2006
6. Putnam, R., *Bowling Alone: The Collapse and Revival of American Community.* New-York: Simon and Schuster, 2000.
7. Nayef, R. & Stoudmann, G., Definitions of Globalization: a Comprehensive Overview and a Proposed Definition. Accessible at: www.gcsp.ch
8. Park, J. & Cho, K., Declining Relational Trust between Government and Publics, and Potential Prospects of Social Media in the Government Public Relations. In EGPA 2009. Accessible at: http://www.egpa2009.com/documents/psg1/ParkCho.pdf
9. 2012 Edelman Trust Barometer. Accessible at: http://trust.edelman.com/trustdownload/global-results/
10. Fukuyama, F., *Trust: The Social Virtues and The Creation of Prosperity* (in Russian). Moscow: IzdatelstvoAST, 2004.
11. Scott, D., *New Marketing Rules and PR* (in Russian). Moscow: Alpina Publishers, 2011.
12. Filatova, O. & Shabanova, E., WEB 2.0 Public Communications and Public Authorities in Russia: Blogs and Social Networks Analysis. In Proceedings of XIV Russian Conference "Internet and Contemporary Society", Saint-Petersburg, Russia, 2011.
13. State in Internet. Features of Content and Attendance of Official Sites and Blogs in Russia. On-line Conference of D. Demchenko (in Russian). Accessibleat: http://www.raso.ru/conferences/ conference-188.html
14. Annual Address to the Belarusian people and the Parliament of the President of the Republic of Belarus A. Lukashenko on April 20, 2010. Accessible at: http://www. president.gov.by/press10256.html
15. Marazevich, A., Hancharonak, I., & Prannik, T., ICT in Public Administration. In Proceedings of VIII International Research Practical Conference "State Regulation of the Economy and Enterprise

Efficiency Enhancement(in Russian), Minsk, Belarus, April 26-27, 2012.

16. The United Nations E-Government Survey 2012: E-Government for the People. Accessible at: unpan1.un.org/intradoc/public/.../un/unpan048065.pdf
17. Strengthening Trust in Government: What Role for Government in the 21st Century? Conclusions of a Meeting of the Public Governance Committee at Ministerial Level, Rotterdam, The Netherlands, November 28, 2005.
18. Chlivicas, E., The Potential of the Civil Service Training System: Human Resources Development Strategy. In *Leadership and Management in the Public Sector: Values, Standards and Competencies in Central and Eastern Europe*. Ed. By L. Vass, O. Kuenkova-Orzhel, & Ch. Pollitt. Bratislava: NISPAcee Press, 2008.

저자 약력

서원석

[주요 경력]
연세대학교에서 행정학박사 학위를 취득했다. 한국국정관리학회장(2012), 한국행정학회 연구부회장(2009), 한국인사행정학회장(2007)을 역임했으며, 현재 한국행정연구원 선임연구위원, 행정개혁시민연합 상임집행위원으로 활동하고 있다.

[주요 관심 분야]
인사행정, 노사관계, 정부혁신 등.

[주요 저서 및 논문]
대표 저서로는 「국가시험관리제도의 발전 방안 연구」(2012)가 있고, 정부인수위원회의 역할과 기능에 관한 연구(공동연구, 2012), 한국 연령차별금지정책의 발전 방안(2011) 등이 있다.

조세현

[주요 경력]
미국 캘리포니아대학교(샌디에이고)에서 사회학박사 학위를 취득했다. 한국행정연구원 부연구위원, 이화여대 사회과학연구소 상임연구원을 거쳐 현재 한국행정연구원 부연구위원으로 활동하고 있다.

[주요 관심 분야]
사회정책, 여성정책, 조직, 인사, 정부PR 등.

[주요 저서 및 논문]
대표 저서로는 「개방적 이민정책의 미래정책영향분석」(2012)이 있고, 주요 논문으로는 여성정책담당기구 제도화의 패러독스, 「여성학논집」, 28-1(2011)이 있다.

주요국의 정부PR과 쌍방향 커뮤니케이션

펴낸날 / 제1판 제1쇄 2013년 5월 30일
엮은이 / 서원석 · 조세현
펴낸이 / 임춘환
펴낸곳 / 도서출판 대영문화사
주소 / 서울 용산구 청파동 1가 178-2 ㊝ 140-869
등록 / 1975년 12월 26일 제3-16호
전화 / (02)716-3883, (02)714-3062
FAX / (02)703-3839
홈페이지 / http://www.dymbook.co.kr

ISBN 978-89-7644-443-1
ISBN 978-89-7644-444-8(세트)

〔값 15,000원〕